DEUX HEURES DE LUCIDITÉ

Ouvrages de Denis Robert

Chair Mathilde, Bernard Barrault, 1991, roman.
Je ferai un malheur, Fayard, 1995, roman.
Pendant les « affaires », les affaires continuent, Stock, 1996 ;
LGF, « Le Livre de Poche », n° 14704, récit.
La justice ou le chaos, Stock, 1996 ;
LGF, « Le Livre de Poche », n° 14393, essai.
Portrait de groupe avant démolition (avec René Taesch), Stock, 1997, album.
Journal intime des affaires en cours (avec Philippe Harel), Stock, 1998, script.
Notre héros au travail, Fayard, 1998, roman.
Tout va bien puisque nous sommes en vie, Stock, 1998, roman.
révolte.com, les arènes, 2000, récit.
Le bonheur, les arènes, 2000, roman.
Révélation$ (avec Ernest Backes), les arènes, 2001, récit.

Ouvrage de Weronika Zarachowicz

Global Village. À qui profite la révolution technologique ? (illustrations de Pierre-Xavier Grézaud), les arènes, 2001, album.

Denis Robert et Weronika Zarachowicz

DEUX HEURES DE LUCIDITÉ

Entretiens avec Noam Chomsky

Sienne, le 22 novembre 1999
(compléments Paris-Boston par e-mail)

Avec trente dessins de Rémi Malingrëy

Traduit de l'américain par Jacqueline Carnaud

les arènes

Deux heures de lucidité se prolonge sur le site www.arenes.fr

33, rue Linné, 75005 Paris
Tél. : 01 43 31 29 25
Fax : 01 43 31 77 97
arenes@easynet.fr

Pour Noam Chomsky

J'ai découvert Noam Chomsky en étudiant la psychologie, au début des années 80. Je connaissais le linguiste américain, professeur au Massachusetts Institute of Technology, l'une des plus prestigieuses universités des États-Unis. Je savais également, mais sans autre précision, qu'il était un «agitateur» politique, réputé «libertaire» et «radical».

Et puis un jour, il y a neuf ans, j'ai vu à Metz un documentaire qui lui était consacré. Le film s'intitulait *Chomsky, les médias et les illusions nécessaires.* Cela a été un choc. À la même époque, Weronika Zarachowicz, journaliste à Paris, a ressenti la même chose. Réalisé par deux journalistes canadiens[1], le documentaire était sans doute trop hagiographique, mais parfaitement lumineux. Chomsky y développait des idées aussi simples que celle-ci : *«Plus un groupe est puissant, plus il met en avant des hommes politiques qui servent ses intérêts.»*

Pour ma part, je travaillais depuis des années sur le financement occulte des partis politiques par des multinationales. Et je trouvais résumé en une ligne ce que je cherchais laborieusement à démontrer depuis des années.

---

1. Mark Achbar et Peter Wintonick, 1992.

Mais surtout, Chomsky démontait le piège médiatique. Il expliquait le plus tranquillement du monde que *«la soi-disant objectivité des commentaires sociaux – les reportages télé, les analyses politiques, les flashs à la radio – cachent des présuppositions et des principes idéologiques qui s'effondrent lorsqu'ils sont mis à nu»*. Moi qui regardais, depuis des années, les journaux et les émissions traitant de l'actualité à la télévision, j'avais fini par oublier que les présentateurs surpayés de ces vitrines communicantes sont, pour la plupart, les salariés de multinationales vivant d'abord de marchés plus ou moins publics. Fini par oublier que l'information est d'abord une valeur marchande, ensuite un moyen de trafiquer de l'influence, enfin le théâtre de conflits d'intérêts dont les enjeux dépassent notre compréhension immédiate.

Weronika Zarachowicz avait déjà interviewé Noam Chomsky et s'étonnait que ce penseur radical américain soit aussi méconnu en France. Nous trouvions que Chomsky, à coups de paradoxes, remettait les idées en place. Nous avions envie de le faire connaître, de dire autour de nous : «Lisez ce livre!»; «Regardez ce film!» Ce n'est pas un gourou, ni un sage, ni un militant politique, c'est un intellectuel qui nous aide à penser. Un esprit libre, au sens critique incroyablement aiguisé, qui essaie d'informer et de questionner.

Une des premières leçons que Chomsky enseigne, c'est de ne pas croire aux pensées toute faites, de ne pas croire non plus les gens sur parole. Ne jamais rien prendre pour acquis. Vérifier. Réfléchir. Penser selon ses propres critères. Se libérer du connu. *«Je ne veux pas amener les gens à me croire,* explique-t-il, *pas plus que je ne voudrais qu'ils suivent la ligne du Parti, ce que je dénonce – autorités universitaires, médias, propagandistes avoués de l'État ou autres. Par la parole comme par l'écrit, j'essaie de montrer ce que je crois être vrai, que si l'on veut y mettre un peu du sien et se servir de son intelligence, on peut en apprendre beaucoup sur ce que nous cache le monde politique et social. J'ai le sentiment d'avoir accompli quelque chose si les gens ont envie de relever ce défi et d'apprendre par eux-mêmes.*[1] »

L'œuvre de Noam Chomsky propose une analyse lucide et rigoureuse de la politique américaine contemporaine, mais surtout de l'idéologie, du rôle des intellectuels et des médias dans nos démocraties occidentales. Elle regorge d'observations, toujours éclairantes sur l'époque trouble que nous vivons : « *La foule doit être détournée vers des buts inoffensifs grâce à la gigantesque propagande orchestrée et animée par la communauté des affaires (américaine pour moitié), qui consacre un capital et une énergie énormes à convertir les gens en consommateurs atomisés – isolés les uns des autres, sans la moindre idée de ce que pourrait être une vie décente – et en instruments dociles de production (quand ils ont assez de chance pour trouver du travail). Il est crucial que les sentiments humains normaux soient écrasés; ils ne sont pas compatibles avec une idéologie au service des privilèges et du pouvoir, qui célèbre le profit individuel comme la valeur humaine suprême.*[2] »

Nous nous étonnions de ne pas trouver de traduction de ses écrits en français. Nous avions vaguement retrouvé de vieux textes de lui, mais plus rien ou presque depuis le début des années 80, mis à part quelques articles parus dans des

1. In *Chomsky, les médias et les illusions nécessaires, op. cité.*
2. In revue *Agone*, Marseille, 1997.

maisons d'édition confidentielles comme Agone, Le Temps des cerises ou EPO, et dans le *Monde diplomatique*. Partout, on nous expliquait que c'était normal de ne rien trouver de lui en France, vu que lui, Noam Chomsky, était un auteur au mieux *« louche »*, au pire *« négationniste »*. Nous répondions qu'il était quand même juif; on nous rétorquait : « Et alors ? » Partout, on nous disait (poliment) que Chomsky avait fait son temps. Ou l'on nous ressortait, encore et toujours, cette vieille histoire Faurisson. Chomsky antisémite, refrain connu, insupportable à force d'être rabâché.

Une anecdote parmi d'autres, pour justifier ce livre. Cela se passait il y a deux ans. Weronika Zarachowicz était rédactrice en chef à World Media, un réseau de presse international regroupant des quotidiens français et étrangers. En septembre 1999, au lendemain du référendum sanglant au Timor oriental, elle avait réalisé une interview de Noam Chomsky. Pour qui connaît son parcours, il était une des personnes les plus habilitées à expliquer le conflit au Timor. Depuis 1979, date de son premier article sur le sujet, il n'avait eu de cesse de dénoncer la politique des États-Unis dans cette partie du monde. L'interview est parue dans une dizaine de quotidiens européens. Partout sauf en France, où le quotidien membre du réseau n'a pas voulu publier Chomsky. La réaction des journalistes allait de : *« Qui ça ? »* à : *« Chomsky sur le Timor ? De quel droit ! »*, en passant par ce jugement lapidaire d'un responsable du service « étranger » : *« Tu es folle, on n'accordera pas une ligne à cet antisémite ! »*

À la longue, ce type de réaction fatigue. À la longue, la publication assumée, revendiquée, d'un livre sur et avec Chomsky devient nécessaire. Chaque fois que, récemment, nous avons évoqué ce projet, dans des milieux très différents, nous avons eu droit à des remarques agressives, voire menaçantes. Un professeur d'université, historien reconnu, vantant mon engagement aux côtés des juges de l'Appel de Genève, a estimé *« complètement débile et déplacé »* un projet de livre sur ce *« salaud de Chomsky »*. Un ami libraire a trouvé *« folle »* et *« inconséquente »* cette idée de bouquin. Non seulement, d'après lui, Chomsky ferait l'apologie d'un antisémite notoire (Faurisson), mais en plus il serait édité par un éditeur d'extrême droite, notamment en Italie (je demanderai, en vain, les références de cet éditeur). De là à faire de Chomsky un penseur néo-nazi, et de nous de dangereux « rouges bruns »...

Noam Chomsky n'aime pas revenir sur la polémique. Il a le sentiment d'avoir tout dit là-dessus, ne veut plus en entendre parler. Il se moque d'être réhabilité, en France comme ailleurs. Il est Chomsky, avec sa conscience, ses défauts, sa rigidité, ses élans, ses certitudes. Lui s'en moque peut être, mais pour nous qui nous lançons dans l'entreprise de ce livre, il nous fallait y revenir.

Dans ses écrits, Noam Chomsky enseigne de ne pas avoir peur de se répéter. Surtout face à des rumeurs qui ont la vie aussi dure que celle-là. Vingt ans bientôt que cette accusation de négationnisme se promène, revient au hasard de certains écrits, colle aux doigts comme un vieux Scotch. Noam Chomsky a passé une partie de sa vie à se répéter. Il a dépensé une énergie très considérable à expliquer, à s'expliquer, à encaisser les moqueries, le dédain, les agressions – parfois physiques – pour faire passer ses messages, ses idées, sa liberté, la rectitude de sa pensée.

Nous espérions ne pas nous attarder, dans cette préface, sur l'affaire Faurisson, pour arriver plus vite à l'essentiel. Cela ne sera pas possible. Comme dans toute rumeur, il faut en cerner l'origine, l'isoler, la comprendre.

Rappelons donc brièvement les faits. À la fin des années 70, Robert Faurisson, professeur de littérature française à l'Université de Lyon, est démis de ses fonctions pour avoir nié l'existence des chambres à gaz pendant la Seconde Guerre mondiale. Noam Chomsky est sollicité pour signer une pétition en défense de la liberté d'expression, parmi plus de cinq cents autres signataires. Les réactions sont incroyablement violentes. La presse française présente le texte comme la « Pétition Chomsky », et l'universitaire américain se voit bientôt accusé de partager les thèses de Faurisson – bien qu'il n'en soit pas du tout mention dans la pétition, dont le seul objet était la stricte défense de la liberté d'expression.

Pour se défendre, Noam Chomsky écrit un court texte sur la liberté d'expression. Un texte dans le droit fil de la citation régulièrement attribuée à Voltaire : *« Je déteste ce que vous écrivez, mais je suis prêt à me faire tuer pour que vous ayez le droit de l'exprimer. »* Il y explique que reconnaître à quelqu'un le droit d'exprimer ses idées n'a rien à voir avec le fait de partager ces mêmes idées. Il précise aussi qu'il n'a pas lu les textes de Faurisson, tout en disant que, d'après le peu qu'il en connaît, *« pour autant* [qu'il] *puisse en juger, Faurisson est une sorte de libéral relativement apolitique »*. Chomsky transmet alors ce texte au chercheur Serge Thion, son ami à l'époque, en lui permettant de l'utiliser comme il le souhaite. Or, sans le prévenir, d'après ce que nous croyons savoir, Thion et l'éditeur Pierre Guillaume font paraître ce texte en préface à l'ouvrage de Faurisson *Mémoire en défense contre ceux qui m'accusent de falsifier l'Histoire. La question des chambres à gaz*[1]. Alerté par des amis, Noam Chomsky tente d'en empêcher la publication, mais il est trop tard.

Dans cette affaire, il a sans doute commis plusieurs erreurs, à commencer par celle d'avoir permis à Serge Thion de faire ce qu'il voulait de son texte. Il a sans doute aussi manqué de discernement. C'était une faute.

Mais comment expliquer la violence et la ténacité dans l'attaque de ses détracteurs ? Comment expliquer que ces derniers le condamnent définitivement à cause d'une pétition – dans laquelle, répétons-le, il n'a jamais été question des thèses de Faurisson – et non sur l'ensemble de son œuvre ? Noam Chomsky a toujours condamné le nazisme. Il l'a exprimé depuis plusieurs dizaines d'années, à des centaines de reprises – qu'il s'agisse de livres, lettres, articles ou déclarations publiques – et n'a jamais bougé d'un iota : l'Holocauste est *« la plus fantastique flambée de violence collective dans l'histoire de l'humanité.*[2] *»* Alors, ses adversaires lui reprochent-ils une erreur tactique, sa désinvolture lorsqu'il persiste à dire qu'il ne connaît rien de Faurisson, ou plutôt sa défense à tout prix de la liberté d'expression ?

« L'affaire de la pétition » repose aussi sur un malentendu culturel qui oppose deux traditions politiques fondamentalement différentes. Les Américains, contrairement aux Français, ont fait de la défense de la liberté d'expression le socle de leur Constitution, un principe inaliénable[3]. Chomsky le libertaire

1. La Vieille Taupe, Paris, 1980. Tous deux issus de l'ultragauche, Thion et Guillaume épouseront la « cause » négationniste.
2. Noam Chomsky, *Guerre et paix au Proche-Orient*, Belfond, 1974.
3. Le premier amendement à la Constitution américaine garantit la liberté d'expression.

a ainsi signé, tout au long de sa vie, des dizaines de pétitions défendant la liberté d'expression des causes les plus diverses, sans choquer personne dans son pays. Une loi française comme la loi Gayssot, qui réprime les propos négationnistes, n'aurait jamais pu voir le jour aux États-Unis : elle serait immédiatement entrée en conflit avec la Constitution américaine.

Ce livre ne prétend pas répondre exhaustivement aux questions posées par la polémique Faurisson, vieille maintenant de vingt ans. Nous lui consacrons quelques pages[1]. Sur cette question, Noam Chomsky reste d'ailleurs très rigide. Impossible pour lui de reconnaître des erreurs. Il est même violent et trop lapidaire à propos du *«petit cercle des intellectuels parisiens»*. C'est le seul passage, lors de notre entretien, où nous l'avons senti très agacé. Nous aurions pu ne pas en tenir compte, sous prétexte que cela pourrait nuire à son *come-back* en France, ou à notre réputation. Nous avons préféré le laisser, tel qu'il nous l'a dit. Il exprime sans doute, même si Chomsky le nie, la réponse d'un homme blessé par les excès de ses détracteurs.

Répétons-le une dernière fois, au risque de déplaire : Noam Chomsky n'est ni antisémite, ni négationniste. Il ne l'a jamais été. Il place simplement la liberté d'expression au-dessus de tout.

Ce texte, ces *Deux heures de lucidité* dans un bombardement de dépêches faussement neutres et d'informations impensées, doit être lu comme un document. Le compte

1. Noam Chomsky s'est exprimé à de nombreuses reprises sur la polémique, notamment dans l'article « *His Right to Say it* », *The Nation*, 28 février 1981, disponible sur le site www.zmag.org. Voir aussi *Réponses inédites à mes détracteurs parisiens*, Spartacus, Paris, 1984.

rendu d'une conversation enregistrée dans le cadre confortable d'un ancien monastère sur une colline proche de Sienne, en novembre 1999.

Le livre paraît deux ans après l'entretien parce qu'il nous a fallu revenir, par courrier électronique, sur de nombreux points évoqués par Noam Chomsky, qui, par ailleurs, et malgré ses 73 ans, est un chercheur et un conférencier hyperactif dont les plages de temps libre se réservent six mois à l'avance.

Même si George W. Bush n'était pas encore Président des États-Unis, même si les deux tours du World Trade Center étaient encore debout, l'essentiel de ce que nous dit Chomsky n'a pas, pourtant, pris une ride. Il nous offre ce qu'en France nous avons peu l'habitude de lire : les réflexions d'un esprit libre, impertinent et pertinent…

Que ce soit – en vrac – à propos du pouvoir des banquiers ; de l'anormale autonomie des banques centrales ; de l'oligarchie financière et économique ; de l'intérêt économique à toujours privilégier la guerre par rapport à la diplomatie ; du terrorisme américain ; du rôle nouveau et des stratégies cachées des multinationales ; des codes médiatiques utilisés à fins de propagande ; du rôle des intellectuels en démocratie ; de la nécessité vitale de toujours se tenir informé… ces minutes d'entretiens combattent tellement d'idées reçues qu'il aurait été dommage de ne pas en faire un livre.

Il faut lire Noam Chomsky, en parler autour de soi. Se dire, et dire, qu'il est un des derniers auteurs et penseurs vivants véritablement rebelles de ce millénaire naissant.

D. R.

Les intellectuels

Vous êtes un penseur majeur de notre époque, une sorte d'éternel dissident. On pourrait dire aussi que vous transmettez des « cours d'autodéfense intellectuelle », que vous donnez des clés permettant de se prémunir contre toute manipulation…

Noam Chomsky : C'est une tâche qui incombe à tout un chacun.

En réalité, le rôle des intellectuels – et cela depuis des milliers d'années – consiste à faire en sorte que les gens soient passifs, obéissants, ignorants et programmés. Alors qu'il commentait les programmes d'éducation, Ralph Waldo Emerson[1], le grand essayiste et philosophe américain du XIXe siècle, a dit : *« Nous devons éduquer le peuple de sorte qu'il ne nous attrape pas à la gorge »*, autrement dit : il faut le rendre si passif qu'il ne se retournera pas contre nous. Et tel est, fondamentalement, le rôle des intellectuels dans beaucoup de

---

1. Essayiste et poète américain, Ralph Waldo Emerson (1803-1882) a fait partie, avec Nathaniel Hawthorne et Herman Melville, du cercle littéraire de Brook Farm, qui a encouragé l'émergence d'une littérature nationale aux États-Unis. L'œuvre de cet ancien ministre du Culte est imprégnée d'un humanitarisme religieux.

En réalité, le rôle des intellectuels – et cela depuis des milliers d'années – consiste à faire en sorte que les gens soient passifs, obéissants, ignorants et programmés.

domaines. Bien entendu, il y a des exceptions. Mais l'observation reste valable, en général.

En vous lisant, on découvre que vous luttez contre ce que vous appelez la «fabrication du consentement». Les intellectuels servent aussi à cela, non?

Une expression comme «fabriquer le consentement» n'est pas de moi[1]. Je l'ai empruntée à Walter Lippmann, la personnalité la plus marquante du journalisme américain, au XXe siècle, qui était aussi un esprit progressiste. Dès les années 20, il a attiré l'attention sur l'importance des techniques de propagande pour contrôler les masses et fabriquer du consentement. Les mécanismes de la démocratie telle que nous l'appliquons sont clairs : le pays doit être dirigé par des citoyens «responsables», une avant-garde – ce qui n'est pas sans rappeler le léninisme –, les autres n'ont qu'à se tenir tranquilles. Pour cela, il faut contrôler ce qu'ils pensent et les enrégimenter comme des soldats. Tels sont, incidemment, les termes exacts utilisés par un autre penseur progressiste de premier plan, Edward Bernays, l'un des fondateurs de l'immense industrie des relations publiques, qui, comme Lippmann, fit partie de la machine de propagande officielle de Woodrow Wilson[2].

C'est là qu'il puisèrent quantité de leurs idées sur la nécessité de «contrôler l'opinion publique» et de s'assurer que les

1. Noam Chomsky est l'auteur, avec Edward S. Herman, du livre *Manufacturing Consent. The Political Economy of the Mass Media*, Pantheon Books, 1988. Ils y décrivent le «modèle de propagande» mis en place par les médias.
2. Le démocrate Thomas Woodrow Wilson fut Président des États-Unis de 1913 à 1921.

citoyens restent à l'écart de la vie publique. Ces questions devinrent cruciales en Grande-Bretagne et aux États-Unis dans les années 20.

Pourquoi, précisément, dans ces deux pays ?

Il s'agissait des sociétés industrielles où la liberté était la plus grande. Plus une société devient libre, plus il est difficile d'utiliser la force, plus il faut déployer d'énergie pour contrôler les opinions et les comportements. Ce n'est pas par hasard si l'industrie de la propagande est née en Grande-Bretagne et aux États-Unis.

Les régimes totalitaires – notamment l'Allemagne nazie, avec Joseph Goebbels – ont, eux aussi, fortement participé au développement de l'industrie de la propagande, pourtant on a le sentiment que vous les intégrez peu dans vos analyses…

C'est juste, et il y a de bonnes raisons à cela. Les régimes totalitaires sont plus transparents, plus immédiatement lisibles, et finalement moins intéressants. En outre ils n'ont pas besoin d'être très efficaces, car ils gardent toujours en réserve la possibilité d'utiliser la force et la peur ; d'ailleurs, les études que j'ai lues montrent qu'ils sont bien moins efficaces. Et puis ils se sont développés plus tard, en prenant parfois pour modèles les pays occidentaux.

Durant la Première Guerre mondiale, les Britanniques d'abord, puis les Américains, ont créé de grands organes de propagande gouvernementale : le ministère britannique de l'Information et le *Committee on Public Information* de

Plus une société devient libre,
plus il est difficile d'utiliser la force.

Woodrow Wilson[1]. Naturellement, l'objectif de la Grande-Bretagne était de convaincre les États-Unis d'entrer en guerre. Sa propagande s'adressait surtout aux intellectuels américains, et elle a d'ailleurs parfaitement rempli sa fonction.

Par la suite, de grands intellectuels progressistes se sont mutuellement congratulés pour le rôle qu'ils avaient joué en ce sens. C'était la première fois dans l'histoire, écriraient-ils, qu'une guerre avait été mise en branle non pas par des intérêts militaires ou économiques, mais par *« les hommes intelligents de la nation »* – lesquels ne faisaient souvent que répéter les affabulations des services de propagande britanniques. À l'époque, le peuple américain était opposé à l'entrée des États-Unis dans une guerre européenne. L'agence de propagande de Wilson a réussi à convertir une population essentiellement pacifiste en une horde de fanatiques anti-Allemands. Ce résultat a fait une forte impression sur les intellectuels américains, mais aussi sur le monde des affaires. L'industrie des relations publiques est, dans une large mesure, née de ces succès dans le contrôle des opinions et des comportements par la propagande – comme on le disait ouvertement à l'époque. Ce n'est que dans les années 30 que le terme sera discrédité, aujourd'hui il est surtout utilisé à propos des ennemis.

Cette propagande n'a pas séduit que les Américains. Les Allemands s'en sont largement servis…

1. Connu sous le nom de *Commission Creel*, le Comité d'information publique fut mis en place par le président Wilson pour des objectifs de propagande de guerre.

Les ultra-nationalistes allemands furent, eux aussi, grandement impressionnés. Estimant visiblement que la propagande anglo-américaine – qui dépassait de loin celle de l'Allemagne en ampleur et en sophistication – était l'un des principaux facteurs de la victoire des armées alliées, Hitler jura que la fois prochaine l'Allemagne saurait rendre la pareille. On sait ce qu'il en est advenu. De même les Bolcheviques furent impressionnés par les exploits de propagande des démocraties et s'efforcèrent de s'en inspirer, mais sans grand succès : leur propagande était trop grossière.

Encore une fois, je tiens à le souligner : lorsque les sociétés se démocratisent, lorsque la coercition cesse d'être un instrument de contrôle et de marginalisation facile à mettre en œuvre, c'est tout naturellement que les élites se tournent vers la propagande[1]. Il s'agit d'un phénomène non seulement naturel, mais aussi tout à fait conscient, ouvertement analysé dans les travaux scientifiques et autres prônant l'utilisation de la propagande.

Les énormes firmes de relations publiques, de publicité, d'art graphique, de cinéma, de télévision... ont d'abord pour fonction de contrôler les esprits. Il faut créer des « besoins artificiels », et faire en sorte que les gens se consacrent à leur poursuite, chacun de leur côté, isolés les uns des autres. Les dirigeants de ces entreprises ont une approche très pragmatique : *« Il faut orienter les gens vers les choses superficielles de la vie, comme la consommation. »* Il faut créer des murs artificiels, y enfermer les gens et les isoler les uns des autres.

1. Voir notamment le livre de Noam Chomsky *Necessary Illusions : Thought Control in Democratic Societies*, South End, Boston, 1989.

Il faut orienter les gens vers des choses superficielles de la vie, comme la consommation.
Il faut créer des murs artificiels, y enfermer les gens et les isoler les uns des autres.

Qu'il s'agisse des médias, de la publicité ou des arts, rien de tout cela n'est très nouveau. Ce qui l'est, c'est l'échelle à laquelle cela se pratique de nos jours. Avant, ce rôle était dévolu aux intellectuels, aux détenteurs du savoir.

Aux prêtres, aussi ?

Oui, le Grand Inquisiteur de Dostoïevsky en fournit une magnifique illustration littéraire. On retrouve également cela dans la Bible, où le « prophète » désigne en fait « l'intellectuel ».

Qu'entendez-vous précisément par « intellectuels » ?

Il s'agit moins d'une catégorie de personnes que d'une attitude : celle qui consiste à s'informer, à réfléchir sérieusement sur les affaires humaines, et à bien articuler sa compréhension et sa perspicacité.

Je connais des gens qui n'ont aucune instruction scolaire mais qui sont, à mes yeux tout au moins, de remarquables intellectuels. Et je connais des universitaires respectés et des écrivains qui sont très loin de correspondre à cet idéal.

Pour ce qui est des « intellectuels reconnus », c'est une question différente. Par ce terme, j'entends ceux qui, dans leur propre système de pouvoir, sont honorés du titre d'« intellectuels responsables » – et c'est d'ailleurs bien ainsi qu'ils se qualifient eux-mêmes en Occident. Parfois, on les appelle des « intellectuels technocrates », pour les distinguer des « intellectuels subversifs » qui sèment le trouble et sont « irresponsables ».

Quand on parle des pays ennemis, il y a renversement des valeurs : nous dénonçons les intellectuels technocrates, en qui nous voyons des « commissaires » et des « apparatchiks », et nous entourons d'honneurs les intellectuels subversifs, les dissidents, méprisés et poursuivis dans leur propre pays.

Ces distinctions remontent à la plus haute Antiquité. Dans la Bible, par exemple, il y a un mot hébreu passablement obscur : *nabi*. En Occident, on l'a traduit par « prophète ». En fait, il désigne l'intellectuel. Ceux qu'on appelait des prophètes se livraient à des analyses politiques et prononçaient des jugements moraux. À l'époque de la Bible, ils étaient haïs et méprisés. On les jetait en prison ou on les envoyait dans le désert, parce qu'ils étaient dissidents. Des siècles plus tard, on a reconnu leurs mérites et on en a fait des prophètes.

Ceux qu'on honorait à l'époque étaient les flatteurs et les courtisans, et non ceux qu'on honorerait beaucoup plus tard comme de vrais prophètes. Au XXe siècle, c'est le genre d'intellectuels qu'on a emprisonnés dans la sphère d'influence soviétique et qu'on a assassinés dans la sphère d'influence américaine. Ce fut par exemple le cas de ces six jésuites du Salvador qu'en Europe personne ne connaît, parce qu'ils ont été abattus par des commandos entraînés par les Américains[1] – ce qui, donc, n'est pas un crime. Cela fait juste dix ans que ça s'est passé, et vous trouverez à peine quelques mots dans la presse sur ces assassinats. C'est un scandale. Mais il en a toujours été ainsi dans l'histoire.

Pouvez-vous revenir sur ces assassinats ?

Le 16 novembre 1989, il y a eu un terrible massacre au Salvador. Parmi les victimes se trouvaient six grands intel-

1. Dans la guerre civile qui a déchiré le Salvador, entre 1981 et 1992, les États-Unis ont pris parti pour la junte militaire au pouvoir. Des milliers de soldats et d'officiers salvadoriens ont été entraînés sur le sol américain.

lectuels latino-américains, dont le directeur de la principale université du pays[1]. Ils ont été exécutés à bout portant par un commando d'élite entraîné par l'armée américaine. Ce commando de mercenaires (la Brigade Atlacatl) était une composante particulièrement brutale des forces responsables de nombreux massacres dans le pays, notamment du meurtre de l'archevêque Romero[2] et du massacre de dizaines de milliers de paysans.

Il est stupéfiant de constater à quel point, lorsque six grands intellectuels latino-américains sont assassinés par des soldats entraînés par les Américains, cela n'intéresse personne. En revanche, si Vaclav Havel est mis en prison, alors tout le monde s'en émeut.

Havel a tout de même passé quatre années en prison pour ses idées !

C'était évidemment un scandale, et les grandes manifestations de protestation auxquelles nous avons tous participé en Occident étaient entièrement justifiées. Pourtant, le traite-

1. Il s'agit du père Ellacuria, connu dans toute l'Amérique latine. Segundo Montes, le directeur de l'Institut des Droits de l'homme, compte également au nombre des victimes. La guerre civile au Salvador s'est achevée en 1992, elle a fait 80 000 morts. Le procès du crime des jésuites, qui a vu la condamnation à trente ans de réclusion d'un colonel et d'un lieutenant de l'armée, a représenté une étape majeure dans la réconciliation nationale.
2. Le 24 mars 1980, Oscar Romero, évêque catholique de San Salvador, était assassiné pendant l'office par les Escadrons de la mort. Dans ses prêches, il dénonçait ouvertement la violence des militaires au pouvoir et la misère des paysans. Ce défenseur des Droits de l'homme, que l'on appelait « la voix des sans voix », a été assassiné à l'instigation d'un dirigeant d'extrême droite.

Il est stupéfiant de constater à quel point, lorsque six grands intellectuels latino-américains sont assassinés par des soldats entraînés par les Américains, cela n'intéresse personne.

ment réservé aux intellectuels dans la sphère d'influence américaine est bien pire que celui qui les attendait dans la Russie post-stalinienne. Mais les Européens s'en moquent.

Peu après le meurtre de ces intellectuels salvadoriens, Vaclav Havel est venu aux États-Unis et s'est adressé à la Chambre et au Sénat réunis en Congrès. Il a été ovationné par les sénateurs et les députés, qu'il a qualifiés de champions de la liberté. Dans tous les médias, les commentateurs étaient transis d'admiration. *«Nous vivons dans une époque romantique»*, écrivit Anthony Lewis dans le *New York Times*, reflétant ainsi l'opinion générale. Les éditorialistes de la presse nationale se demandaient pourquoi les États-Unis ne pouvaient produire des personnalités aussi remarquables, prêtes à nous couvrir d'éloges alors que nous venions juste d'abattre six grands intellectuels, sans compter des milliers d'autres personnes. Nous vivons dans un monde surréaliste !

Imaginez que des soldats entraînés par les Russes aient tué six intellectuels tchèques, dont Havel, et que quelques semaines plus tard, un communiste du Salvador soit venu en Russie, se soit adressé à la Douma et se soit fait applaudir à tout rompre lorsqu'il a félicité les députés, au comble du ravissement, pour leur rôle dans la défense des libertés !

La presse américaine en a-t-elle parlé ?

L'un de mes amis a effectué une recherche, à travers une banque de données, pour voir ce que les médias avaient dit à l'occasion du dixième anniversaire du meurtre de ces six jésuites, en 1999. Leurs noms n'étaient même pas mentionnés dans la presse américaine. Les gens connaissent-ils le nom de ces intellectuels, ont-ils lu quelque chose au sujet de leur assassinat ? Non. En revanche, peuvent-ils citer par leur nom des dissidents d'Europe de l'Est ? Bien sûr que oui.

Les dissidents courageux devraient être honorés, qu'ils soient victimes d'une implacable répression dans la sphère d'influence de nos ennemis ou brutalement assassinés dans la sphère d'influence américaine. Ce fut la même chose, en France, pour l'affaire Dreyfus. Aujourd'hui, on dit que les intellectuels soutenaient Zola, mais en fait, à l'époque, la majorité d'entre eux étaient du côté du gouvernement.

Vous dites souvent que le rôle des intellectuels devrait être de dire la vérité. Comment définiriez vous la vérité ?

Prenez ce livre : il se trouve sur le divan. Il est donc vrai de dire que ce livre est sur le divan. Voilà la vérité. Un énoncé est vrai quand il correspond à la réalité. Les énoncés vrais ne sont pas faciles à élaborer, mais c'est un autre problème. Quand vous approchez d'une explication exacte, vous vous approchez de la vérité.

La France et l'affaire Faurisson

En France, vous restez méconnu et vous apparaissez comme un « sujet à risques ». Malgré les explications que vous avez apportées[1], « l'affaire Faurisson » vous colle à la peau. Pouvez-vous nous expliquer ce qui vous avait amené à signer, en 1979, une pétition en faveur de cet universitaire français « négationniste »[2], puis à écrire un texte – « Quelques commentaires élémentaires sur le droit

1. Notamment dans le texte « *His Right to Say it* », paru dans *The Nation* le 28 février 1981 ; ou encore dans des droits de réponse adressés au *Monde* et au *Matin de Paris* (qui ne les publieront pas) ainsi qu'aux *Nouvelles littéraires* (qui en publieront une version tronquée).
2. Alors professeur de littérature à l'université de Lyon II, Robert Faurisson s'est rendu célèbre, à la fin des années 70, pour ses « travaux » visant à remettre en cause l'existence des chambres à gaz dans les camps nazis et à relativiser la vision communément admise de la Shoah. C'est ainsi que, le 25 mai 1978, il distribuait à ses étudiants en licence de littérature un polycopié intitulé : « Pour une véridique histoire de la Seconde Guerre mondiale », dans lequel on pouvait lire : « *Cette prétendue tentative de génocide et ces prétendues chambres à gaz ne sont qu'une seule et même invention de propagande de guerre. Cette invention est d'origine essentiellement sioniste.* [...] *Hitler n'a jamais donné l'ordre de tuer ne serait-ce qu'un seul homme en raison de sa race ou de sa religion.* [...] *Le nombre de Juifs exterminés par Hitler (ou victimes du génocide) s'élève heureusement à... zéro.* »
Cependant, la documentation sur Robert Faurisson transmise à l'époque à Noam Chomsky n'était pas aussi explicite.

à la liberté d'expression» – qui sera utilisé par Robert Faurisson en préface à son livre paru en 1980[1] ?

Je n'ai jamais rédigé – comme cela a pourtant été dit et répété il y a une vingtaine d'années en France – la moindre préface à un quelconque écrit de Robert Faurisson. J'ai écrit une déclaration sur le droit fondamental à la liberté d'expression. Cette déclaration a été annexée par son éditeur, sous forme d'«avis», à un «Mémoire en défense» dans lequel il répondait à l'accusation qui lui était faite de «falsifier l'histoire» à propos des chambres à gaz – si j'en juge d'après son titre, n'ayant pas lu ce texte...

La pétition était semblable à celles, innombrables, que je signe constamment. Elle réclamait que soient garantis à Robert Faurisson sa sécurité physique et le libre exercice de ses droits civiques. Ce genre de pétition provoque toujours des réactions très violentes dans le pays auxquel elle s'adresse, ce qu'ignorent les signataires, en général. Dans ce cas précis, on m'a demandé d'y répondre pour une seule raison : elle avait été présentée comme «ma» pétition. C'est absurde, il y avait des centaines d'autres signataires. Je n'en étais pas à l'origine.

Dans cette pétition, il n'était pas question du contenu de ces thèses, mais du droit à les exprimer. C'est très classique. Lorsqu'on défend la liberté d'expression, on ne doit pas s'occuper du contenu des opinions, ni des croyances de la personne attaquée. Seulement de défendre la liberté d'expression.

1. *Mémoire en défense contre ceux qui m'accusent de falsifier l'Histoire. La question des chambres à gaz*, précédé d'un avis de Noam Chomsky, La Vieille Taupe, Paris, 1980.

Je signe tous les jours des pétitions pour des gens, alors que je ne sais rien ou quasiment rien de leurs opignons ou de leur action ; c'est le pain quotidien des défenseurs des droits de l'homme.

L'historien français Pierre Vidal-Naquet explique, par exemple, vous avoir alerté, après que vous avez signé cette pétition, sur l'antisémitisme de Faurisson…

Pierre Vidal-Naquet, il est vrai, m'a envoyé une lettre dans laquelle il apportait ce qu'il jugeait être des preuves de l'antisémitisme de Faurisson. Je n'avais aucune raison de mettre en doute ses accusations, et d'ailleurs ma déclaration sur le droit à la liberté d'expression en faisait état, sans bien sûr le citer comme source. Je comprends qu'il ait par la suite prétendu le contraire, mais c'est faux. J'écrivais donc que même si Faurisson était réellement un antisémite et un néonazi comme certains l'affirmaient, cela ne changeait rien à la question de la liberté d'expression – question à laquelle se limitaient mes commentaires. J'ajoutais cependant qu'il s'agissait là d'accusations graves, qu'on ne pouvait porter à la légère. Puis je reprenais les accusations qui m'avaient été présentées, lesquelles, à l'évidence, se montaient à peu de chose.

La lettre de Pierre Vidal-Naquet vous a-t-elle amené à changer de position ?

À vrai dire, je n'avais pas de position arrêtée concernant Faurisson en tant que personne, ne sachant pratiquement rien de lui. Je signe tous les jours des pétitions pour des gens, alors que je ne sais rien ou quasiment rien de leurs opinions ou de leur action. C'est le pain quotidien des défenseurs des Droits de l'homme.

Néanmoins, on peut dire que la lettre de Vidal-Naquet m'a fait changer d'avis sur un point, très limité il est vrai.

Avant de la recevoir, j'ignorais pratiquement tout de Faurisson. Après, il m'est apparu clairement que son critique le plus intransigeant et apparemment le mieux documenté ne pouvait apporter aucune preuve crédible à l'appui de ses accusations d'antisémitisme.

Pour revenir à ce que j'ai écrit à l'époque, je savais très peu de choses sur Faurisson et ne tenais pas particulièrement à en savoir davantage, comme cela m'arrive dans d'innombrables autres cas similaires. Je suppose que lorsque j'ai signé des pétitions pour défendre la liberté d'expression en Iran et à Moscou, les mollahs et les commissaires politiques se sont étranglés d'indignation, mais ce n'est pas mon affaire. Dans ce cas comme dans les autres, ce qui m'importait, c'était la liberté d'expression, et non ce que Faurisson pouvait bien avoir écrit. On m'avait dit qu'il s'agissait de pamphlets publiés à compte d'auteur sur les chambres à gaz. Je n'en savais rien, et je n'en sais guère plus aujourd'hui.

Je serais tout aussi incapable de vous dire quelles sont les idées professées par ses homologues aux États-Unis, lesquels resteraient complètement dans l'ombre si ceux qui se prétendent outragés par leurs vues ne déployaient tant d'efforts pour médiatiser leurs écrits. C'est un curieux phénomène, qui mériterait sans doute d'être analysé plus avant... Pour autant que j'aie suivi l'affaire, à vrai dire très peu, c'est, semble-t-il, ce qui s'est passé à Paris. Je me demande qui aurait entendu parler de Faurisson si les intellectuels parisiens ne l'avaient pas si bruyamment dénoncé, s'il n'avait pas été suspendu de son poste d'enseignant et s'il n'avait pas été poursuivi en justice pour « falsification de l'histoire ».

Quoi qu'il en soit, cette affaire ne m'a intéressé qu'en raison de la grave violation du droit fondamental à la liberté d'expression qu'elle renferme. Je n'arrête pas de signer des pétitions et des déclarations en faveur de la liberté d'expression partout dans le monde, et même si certaines affaires sont bien plus controversées que celle-là, je ne me sens nullement tenu de m'informer sur les opinions exprimées ou les gens qui les expriment. Ce ne sont là que des truismes, du moins pour ceux qui adhèrent aux principes fondamentaux des Lumières et défendent les droits civiques.

Pourtant, une de vos déclarations a fait rebondir la polémique. Vous avez écrit en 1980, dans ces « Quelques commentaires élémentaires sur le droit à la liberté d'expression » : *« Pour autant que je puisse en juger, Faurisson est une sorte de libéral relativement apolitique. »* Emploieriez-vous aujourd'hui les mêmes termes ?

Pas tout à fait. Le contexte est celui que je viens de vous décrire. Dans ma déclaration sur la liberté d'expression, je notais que si Faurisson était vraiment un apologue du nazisme et de l'antisémitisme, comme certains l'affirmaient, cela ne changeait rien à la question de la liberté d'expression, la seule qui me concerne. Je le répète, c'est un pur truisme : ou bien nous défendons le droit à la liberté d'expression pour des idées que nous détestons, ou bien nous admettons – si nous sommes honnêtes, sans faux-fuyant – que nous sommes d'accord avec les doctrines de Goebbels et de Jdanov. Même eux défendaient volontiers le droit d'expression pour les idées qui leur agréaient.

Ceux que Faurisson et ses idées fascinent peuvent assurément y aller voir de plus près, mais ce n'est pas ce qui m'importe, tout comme je ne ressens pas le besoin d'enquêter sur les accusations portées contre les innombrables personnes dont je défends le droit à la liberté d'expression. Encore une fois, en disant cela, je n'avance que des truismes. Je suis surpris que ces questions continuent d'agiter certains cercles parisiens.

Pour en revenir à votre question, j'ai utilisé cette phrase parce qu'elle m'apparaissait vraie. Comme je l'ai écrit, les accusations de néo-nazisme et d'antisémitisme sont sévères. Elles sont peut-être correctes, mais on se doit, en tout cas, d'en apporter les preuves. Dans ce cas précis, j'ai réexaminé les preuves qui m'ont été présentées par le critique le plus sévère et le mieux informé sur Faurisson. Comme ces preuves avaient peu de force, la seule conclusion raisonnable était que cette accusation ne pouvait pas être justifiée. Au delà de cela, je ne connaissais rien de Faurisson, excepté quelques lettres de lui à la presse, dans lesquelles il faisait l'éloge de ceux qui avaient lutté contre les nazis, etc.

Est-ce particulier à la France, ou rencontrez-vous le même problème ailleurs ?

La France est un cas à part. Quand ma prise de position a déclenché cette crise d'hystérie, cela s'est su partout. Il est intéressant de comparer la France à Israël. Le rédacteur en chef du journal du Parti travailliste israélien m'a demandé de répondre à plusieurs questions sur le sujet. J'ai rédigé une courte déclaration, qu'ils ont publiée en bonne place dans leur journal. Après quoi, ce rédacteur en chef a écrit que le débat était clos et m'a même proposé une chronique régulière. Et ce n'est plus jamais revenu sur le tapis.

Bien sûr, il y a des fanatiques qui n'arrêtent pas d'enfoncer le clou. Et puis, il y a certains cercles intellectuels pour qui c'est un enjeu. Mais, hors de Paris et d'une poignée d'intellectuels parisiens, ce n'en est pas un.

Pouvez-vous préciser ?

Cela doit remonter à la Seconde Guerre mondiale. Depuis cette époque, ils entretiennent un mensonge autour de la Résistance[1]. Les Français devraient s'en inquiéter. À bien des égards, la France est restée repliée sur elle-même depuis la fin de la guerre.

Dans quels domaines, par exemple ?

Dès les années 30, le positivisme logique de Vienne s'est diffusé dans le monde entier. Dans les années 50, on le trouvait partout. En France, les textes des années 30 n'ont commencé à paraître que dans les années 80, grâce à un chercheur français qui est venu aux États-Unis et qui s'est dit : tiens, voilà quelque chose d'intéressant ! Idem dans d'autres domaines : Heidegger et d'autres philosophes allemands ont traversé la frontière, mais tout à fait par hasard, simplement parce que Kojève[2] et quelques autres s'y sont intéressés.

---

1. Noam Chomsky veut dire par là que les milieux dirigeants français ont longtemps gommé la Collaboration avec les nazis et réduit Vichy à une « parenthèse » pour ne mettre en avant que la Résistance.
2. Alexandre Kojève (1902-1968) a animé à partir de 1933, à l'École des Hautes études, à Paris, un séminaire sur la *Phénoménologie de l'esprit*, de Hegel. Georges Bataille, Raymond Aron, Jacques Lacan ou Maurice Merleau-Ponty y ont (re-)découvert l'œuvre du philosophe allemand. Kojève a contribué à diffuser en France la théorie hégélienne de la « fin de l'Histoire », selon laquelle le but de l'Histoire, c'est l'avènement de la Raison et de la Liberté.

Prenez les camps soviétiques. En 1950, tout le monde, du moins en Occident, connaissait l'existence du goulag. Lorsque les livres de Soljenitsyne sont arrivés, ce fut important mais on n'a pas appris grand-chose qu'on ne savait déjà. En France, au contraire, ce fut une révélation dont les intellectuels parisiens se sont aussitôt attribué le mérite. Ils n'avaient que trente ans de retard !

Même en science, c'est comme ça dans certains cas, par exemple en biologie. Il y a une vingtaine d'années, on a fait une étude sur la réception de la théorie de l'évolution dans les pays occidentaux. Il y avait peu de différence d'un pays à l'autre. Seule la France faisait exception. À l'époque de cette étude, un pourcentage important de biologistes français étaient pré-darwiniens. En fait, si la biologie française a connu un développement extraordinaire, c'est surtout grâce à Jacques Monod. C'est de son petit laboratoire qu'est sortie une bonne partie de la biologie française contemporaine.

Vous nous bombardez, là...

La France est le seul pays où Eric Hobsbawm a eu autant de difficultés à être traduit[1]. La France est restée relativement isolée en philosophie, en littérature et dans certains domaines

1. Publié en 1994 en Grande-Bretagne, *L'Âge des extrêmes. Le court vingtième siècle (1914-1991)*, de Eric J. Hobsbawm, a été immédiatement traduit dans toutes les langues sauf en français. Le livre n'est sorti dans l'Hexagone qu'en octobre 1999, aux Éditions Complexe. Dans la préface de l'édition française, l'auteur invoque la frilosité des grands éditeurs et l'anti-marxisme persistant de l'intelligentsia parisienne pour expliquer un retard qu'il comprend d'autant moins que ses précédents livres avaient été publiés en France dans les mêmes délais qu'ailleurs.

scientifiques. C'est un pays très replié sur lui-même, où un certain nombre d'intellectuels se préoccupent peu de ce qui se passe dans le reste du monde. Je ne parle bien entendu que d'une poignée d'intellectuels parisiens. Mais ce groupe est très influent. Ils créent leurs propres mythes sur tout et sur rien, le tiers-monde, le maoïsme, etc. En tout cas, c'est du dogmatisme, sans prise sur le monde réel.

Le livre d'Eric Hobsbawm que vous citez comme exemple a finalement été publié et a rencontré un grand succès. C'est donc qu'une partie du public français s'est montrée interessée...

Le public, certainement. Le problème vient du fait que des intellectuels s'interposent de façon très efficace. Bien entendu, c'est aussi le cas dans d'autres pays, et il y a toujours des exceptions. Mais on peut honnêtement affirmer que ces tendances ont souvent été plus marquées dans certains cercles d'intellectuels parisiens de l'Après-guerre que dans d'autres pays comparables.

Les centres de pouvoir

Comment vous représentez-vous le pouvoir aujourd'hui ?

Les centres de pouvoir résident dans les pays les plus riches, où ils forment un vaste réseau. Les États les plus puissants – le G3, le G8[1] –, les grandes multinationales, les banques et les institutions internationales sont tous liés par des alliances et des intérêts communs. On peut dire que la plupart des économies sont, ou tendent vers, des oligopoles[2] : un petit nombre d'entités extrêmement puissantes et tyranniques dominent certains secteurs et dépendent d'États puissants, tout en les dominant.

1. En 1973, le secrétaire d'État américain au Trésor prenait l'initiative de rassembler les ministres de l'Économie de cinq grands pays industrialisés : les États-Unis, la France, la Grande-Bretagne, l'Allemagne et le Japon. Dans un contexte de profondes mutations internationales (création de la CEE, démantèlement des accords de Bretton Woods, crise pétrolière...), il s'agissait d'organiser une réunion annuelle afin de coordonner les politiques économiques de ces États. Avec la participation de l'Italie et du Canada puis de la Russie, le G5 deviendra le G7 puis le G8. Aujourd'hui, le déclin de son influence incite certains à privilégier un G3 qui ne rassemblerait que les États-Unis, le Japon et l'Union européenne.
2. L'oligopole caractérise un marché contrôlé par un nombre réduit d'entreprises.

Les États les plus puissants, les grandes multinationales, les banques et les institutions internationales sont tous liés par des alliances et des intérêts communs.
Un petit nombre d'entités extrêmement puissantes et tyranniques dominent certains secteurs et dépendent d'états puissants, tout en les dominant.

Les économies se sont également dotées d'institutions telles que la Banque mondiale[1], le Fonds monétaire international[2] et l'Organisation mondiale du commerce[3], qu'elles cherchent à rendre encore plus puissantes. L'OMC est une arme de guerre contre la démocratie. Son objectif est de transférer encore plus de pouvoir entre les mains des dirigeants d'entreprise.

Vous évoquez souvent la confusion croissante entre l'État et les intérêts des grandes entreprises…

C'est la transformation majeure de ces vingt-cinq dernières années : beaucoup des grandes décisions politiques ont consisté à transférer le pouvoir du secteur public au secteur privé.

Mais les multinationales ont besoin d'un État puissant pour les protéger. Il y a deux cents ans, James Madison avait

1. Fondée en juillet 1944, lors de la Conférence de Bretton Woods, sous l'appellation de Banque internationale pour la reconstruction et le développement (Bird), la Banque mondiale devait participer à la reconstruction de l'Europe au lendemain de la Seconde Guerre mondiale. Cette institution s'est ensuite consacrée à *« promouvoir le progrès social et économique »* dans les pays en voie de développement, en canalisant les ressources émanant des pays développés.
2. Le Fonds monétaire international (FMI) a été créé en 1946 pour veiller au bon fonctionnement du Système monétaire international mis en place à la conférence de Bretton Woods. Les pays membres versent une contribution financière proportionnelle à leur importance économique, qui alimente un fonds pour les pays en difficulté – lesquels doivent en contrepartie suivre strictement les directives du FMI en matière de gestion.
3. L'Organisation mondiale du commerce (OMC), qui regroupe 140 pays, a remplacé le Gatt (*General Agreement on Tariffs and Trade*) en 1995, lors des négociations de l'*Uruguay Round*. Les accords de l'OMC, qui définissent les règles juridiques de base régissant le commerce international, ont pour principe la liberté des échanges.

trouvé une belle formule : il disait que les milieux d'affaires étaient en train de devenir *« les instruments et les tyrans »* du gouvernement. Ils sont les instruments du gouvernement, qui les utilise à ses propres fins. Mais ils en sont aussi les tyrans, dans la mesure où ce sont eux qui en tirent les ficelles.

Pensez-vous que les multinationales soient aujourd'hui plus puissantes que les États ?

Il n'existe pas véritablement de critère de comparaison. Les États et les multinationales ont des modes de fonctionnement différents. En droit, les grandes entreprises dépendent du pouvoir de l'État. Aux États-Unis, par exemple, les entreprises, qu'elles soient ou non multinationales, doivent recevoir une habilitation de l'un des États de la Fédération ; et comme l'histoire l'a montré, cette habilitation peut être révoquée. Actuellement, des procès sont en cours pour examiner des demandes de révocation de l'habilitation dont bénéficient de grandes multinationales. De même, dans les faits, les entreprises comptent sur l'État pour socialiser les risques et les coûts, maintenir un climat favorable à l'intérieur et à l'extérieur pour leurs opérations, et échapper à l'effondrement en cas d'adversité. Une récente étude technique portant sur les cent premières multinationales recensées par le magazine *Fortune* a montré que toutes avaient bénéficié d'une substantielle intervention de l'État en leur faveur, et que plus de vingt d'entre elles avaient été renflouées ou rachetées pour échapper à la faillite.

L'entreprise est une institution totalitaire. Les multinationales modernes sont régies par le principe selon lequel les entités organiques auraient des droits sur les individus. Or, c'est le même principe qui sous-tend les deux autres grandes formes de totalitarisme du XXe siècle que sont le bolchevisme et le fascisme. Tous trois découlent d'une conception radicalement opposée au libéralisme classique, qui reconnaît aux individus des droits inaliénables.

Les multinationales ont acquis un pouvoir considérable et jouent un rôle prépondérant dans la vie économique, sociale et politique. Au cours des vingt dernières années, la politique de l'État a consisté à accroître ces droits, au détriment de la démocratie. C'est ce qu'on appelle le néo-libéralisme : le transfert du pouvoir des citoyens à des entités privées. Une multinationale est dirigée d'en haut. Elle n'est pas responsable, ou quasiment pas, devant le peuple.

Ces processus se heurtent à une résistance populaire de plus en plus forte. En novembre 1999, la conférence de l'OMC qui s'est tenue à Seattle a donné lieu à une confrontation intéressante[1]. Comment analysez-vous cet épisode ?

Les événements de Seattle reflètent l'opposition croissante de l'opinion publique à l'ordre socio-économique que d'aucuns tentent d'imposer depuis vingt ans. Un ordre qui a affecté de nombreux habitants de la planète, y compris dans

1. La conférence de l'OMC organisée à Seattle du 30 novembre au 3 décembre 1999 a été fortement perturbée par des manifestations – regroupant syndicalistes, étudiants, militants d'organisations non gouvernementales... – dénonçant le dirigisme de l'institution internationale et les effets pervers de la mondialisation. Les négociations achoppèrent, entre Américains et Européens, sur la question de l'agriculture.

C'est ce qu'on appelle le NÉO-LIBÉRALISME : le transfert du pouvoir des citoyens à des entités privées.

les pays riches, et qui a d'inquiétantes conséquences pour l'avenir des Droits de l'homme, de la démocratie et de l'environnement. Un an avant Seattle, les campagnes menées par les organisations militantes de base avaient été l'un des facteurs majeurs qui avaient obligé l'OCDE[1] à renoncer à instituer l'Accord multilatéral sur l'investissement[2]. Dans cette affaire, les militants français ont joué un rôle déterminant.

Aux États-Unis, les tentatives de la Maison Blanche visant à introduire la «procédure accélérée» (qui permet à l'exécutif de conclure des accords commerciaux sans consulter le Congrès, lequel ne peut ensuite que les ratifier ou les rejeter) ont été déjouées malgré un soutien quasi unanime des milieux d'affaires et des médias. Consterné, le *Wall Street Journal* a observé que l'opposition à la «procédure accélérée» et aux récents accords commerciaux en général (OMC, Nafta[3], etc.)

1. L'Organisation de coopération et de développement économique (OCDE) regroupe, depuis 1961, les États-Unis, le Canada et l'Europe occidentale. Actuellement, ses trente pays membres produisent les deux tiers des biens et services à l'échelle mondiale. La finalité de l'organisation est de promouvoir l'économie de marché et le libre-échange.
2. Négocié dans le cadre de l'OCDE, l'Accord multilatéral sur l'investissement (Ami) a été abandonné en décembre 1998 à cause d'une forte contestation. Le projet était destiné à libéraliser les investissements directs, en accordant une égalité de traitement entre les investisseurs étrangers et locaux. En Europe, ses détracteurs ont fustigé le caractère américain du projet, et ses risques pour la souveraineté nationale des États concernés. En France, craignant la remise en cause du principe de l'exception culturelle, les professionnels du spectacle ont pris la tête de la contestation. Le gouvernement français s'est retiré des négociations en octobre 1998.
3. Entré en vigueur le 1er janvier 1994, le Nafta (*North American Free Trade Agreement*), ou Accord de libre-échange nord-américain (Alena), vise à favoriser l'accroissement des échanges commerciaux et des investissements entre le Canada, les États-Unis et le Mexique.

disposait d'une *« arme ultime »*, le peuple, qu'on ne pouvait ni marginaliser ni ignorer, comme on l'espérait. Les manifestations de Seattle ont révélé l'augmentation en nombre et la volonté d'agir de ces secteurs de la population, des secteurs très larges, très divers et très actifs. Ces manifestations étaient l'aboutissement de longs et soigneux efforts d'organisation et de pédagogie. Elles étaient inhabituelles par le très large éventail des groupes représentés et par le sérieux des préoccupations et des objectifs. Ce n'est pas en lisant la presse, en regardant la télévision ou en écoutant les réactions en haut lieu qu'on pouvait s'en rendre compte, mais ceux qui voulaient le savoir l'ont su.

Que pensez-vous du combat que mène José Bové ?

Dans un article récemment publié en première page du *New York Times*, le correspondant en Europe du quotidien américain écrivait que les Européens avaient cette étrange manie de vouloir décider de ce qu'ils mangent. Ce qui, selon lui, était totalement irrationnel, étant donné qu'ils feraient mieux de suivre les ordres des grandes multinationales américaines. Cet article s'ouvrait par une citation de José Bové, disant : *« Nous voulons décider par nous-mêmes ! »* Mais cette phrase était présentée comme devant être expliquée par la perversité de la culture française, et par une forme d'irrationalisme.

Cette contestation a eu quelques retombées intéressantes. D'une certaine façon, elle a franchi l'Atlantique alors qu'il n'y avait pas de mobilisation sur ce thème aux États-Unis…

Effectivement, des contacts informels ont été pris de part et d'autre de l'Atlantique sur les aliments contenant des organismes génétiquement modifiés (OGM). Les actions de la firme Monsanto – qui, dans le monde entier, mène un gigantesque programme d'expérimentation sur des sujets humains pour étudier les effets de cette technologie – ont commencé à baisser[1]. La compagnie a dû faire des excuses publiques et promettre de renoncer à certaines expériences. Elle a été obligée de se rétracter publiquement. C'est très, très rare. Et c'est arrivé grâce à la mobilisation des gens, notamment en France.

Pensez-vous que les sociétés démocratiques ont perdu le sens de l'intérêt général?

Cela dépend de qui l'on parle. Les élites cherchent à accroître leurs privilèges et leur pouvoir. Mais le grand public se sent très concerné, et les gens ne cessent de lutter. Avec le temps, on constate des progrès. Au cours des cent dernières années, il y a eu un progrès, certes très lent mais régulier, des Droits de l'homme. Les puissants s'y opposent de toutes leurs forces, mais ils ne peuvent pas totalement l'arrêter. Et le combat continue.

---

1. Deuxième fabricant mondial de produits agrochimiques et leader dans l'agriculture transgénique, Monsanto cherche actuellement à améliorer une image considérablement dégradée dans la mesure où, en tant que numéro un mondial de la chimie, son ancienne spécialité, cette firme a été mise en cause dans les plus grands scandales écologiques ou de santé publique américains de ces quarante dernières années.

Dans votre explication sur le fonctionnement des cercles de pouvoir, vous n'intégrez jamais l'influence que peuvent avoir des institutions ou des groupes religieux, qu'ils soient occultes ou non?

Observez, par exemple, l'Église catholique. Quand il fait des déclarations conformes aux intérêts du pouvoir, le Vatican joue un rôle très important. Quand il prend position contre la théologie de la libération en Amérique latine, il pèse d'un poids énorme. Et, de fait, le pape a aidé à l'éradication de certains mouvements populaires en Amérique latine. En revanche, quand le Vatican s'en prend au capitalisme, cela n'a aucun effet. Ainsi, en 1999, Jean-Paul II a lancé un message très fort à l'occasion de la nouvelle année. Il a dénoncé le marxisme et le néo-libéralisme, deux forces aussi destructrices l'une que l'autre pour l'homme. Cela n'a eu aucune influence. Et lorsque le Saint-Siège a condamné le bombardement de la Serbie en le qualifiant d'agression, il y a peut-être eu un entrefilet en dernière page du journal. Voilà pour l'influence du Vatican.

Croyez-vous à une organisation pyramidale du pouvoir?

Il n'y a rien au sommet de la pyramide! Le monde n'est pas un système totalitaire. Il contient des poches de totalitarisme, mais le système est beaucoup plus diffus. Il arrive parfois que des organisations militantes de base aient suffisamment de pouvoir pour faire reculer les puissants. On en a eu un exemple spectaculaire en 1998, avec l'Accord multilatéral sur l'investissement. Les multinationales y étaient favorables, les médias y étaient favorables, la Banque mondiale et le FMI y étaient favorables… La plus grosse concentration de pouvoir dans l'Histoire soutenait cet accord. Sachant que le public risquait de s'y opposer, les négociations s'étaient déroulées pendant trois ans dans le plus grand secret. Le monde des affaires et les médias étaient au courant, mais ils se gardaient bien d'en parler. Des fuites sont tout de même parvenues jusqu'aux organisations militantes. Celles-ci ont commencé à se mobiliser, en se servant de façon très efficace d'Internet. Finalement, l'OCDE a dû reculer et retirer son projet.

Le *Financial Times* de Londres, le plus grand quotidien économique du monde, a eu un article très acerbe, qualifiant ces organisations de *« ligues d'autodéfense »*[1]. Et les représentants de l'industrie et du commerce se sont lamentés : « C'est une catastrophe, c'en est fini des accords de commerce négociés en secret puis avalisés par les Parlements ! »

D'un côté, on a la plus grande concentration de pouvoir dans l'Histoire. De l'autre, une multitude d'organisations diffuses. Et ce sont ces organisations qui l'ont emporté, du moins provisoirement. C'est une victoire considérable et une excellente nouvelle. Le pouvoir est partout. Si les gens s'organisent, ils peuvent faire bouger les choses.

Certains pensent que le pouvoir est, en réalité, détenu par des hommes de l'ombre qui se rencontrent régulièrement et discrètement…

1. « *Hordes of vigilantes* », en anglais.

Ces rencontres existent. Il y a les réunions du Groupe de Bildeberg[1] ou de la Commission trilatérale[2], et celles où se retrouvent les riches et les puissants de la planète, comme le Forum économique de Davos[3].

Mais la plupart du temps, ce sont des événements puérils où chacun essaie d'impressionner les autres. Ce n'est pas là que se prennent les grandes décisions. Les décideurs n'ont pas besoin de venir à Davos pour se parler. Ils se rencontrent discrètement, au cours de réunions privées.

---

1. Créé en mai 1954 à l'instigation du prince Bernhard des Pays-Bas, le Groupe de Bildeberg tire son nom de l'hôtel qui abrita sa première réunion, à Oosterbeek, aux Pays-Bas. Sous influence de l'Otan depuis sa création, farouchement anticommuniste aux temps de la Guerre froide, le Bilderberg réunit chaque année à huis clos, à titre d'invités, le gratin politique, militaire, industriel et financier du monde occidental. Aucun compte rendu des réunions de ce club ultra select, qui demeure un centre majeur de coordination de l'élite financière internationale, n'est publié.
2. Émanation du Groupe de Bilderberg, la Commission trilatérale a vu le jour en 1973 autour de « *355 personnalités de marque* » venues d'Europe, d'Amérique du Nord et du Japon. Des hommes politiques de gauche comme de droite, des personnalités du monde syndical, patronal ou universitaire s'y retrouvent avec l'ambition de contenir l'expansion du communisme et de contrôler les flux financiers internationaux. Zbigniew Brzezinski, ancien conseiller de Jimmy Carter, est considéré comme le cerveau de la Commission. D'un recrutement aussi transversal et d'une inspiration aussi atlantiste et néo-libérale que le Bilderberg, la Commission trilatérale est cependant nettement moins secrète que son aînée.
3. Depuis 1971, le Forum économique de Davos réunit annuellement, dans le village suisse du même nom, un « *global séminaire* » informel réunissant un collège d'intellectuels, hommes d'affaires, économistes, experts internationaux... Ces chantres de la mondialisation y décortiquent les évolutions de l'économie internationale. Le fiasco de la conférence de Seattle, en 1999, a incité les organisateurs de Davos, pour l'édition 2000, à inviter, à côté des décideurs économiques et politiques, des représentants de la société civile.

Si l'on vous invitait à Davos, iriez-vous ?

Non.

Pourquoi ?

Pourquoi irais-je voir des gens se pavaner ?

Ne pensez-vous pas que vous pourriez les convaincre ?

Si j'arrivais à les convaincre, ils seraient obligés de renoncer au capitalisme. Ils devraient quitter le système et commencer un travail de sape contre le pouvoir. Premièrement, très peu seraient prêts à le faire, et deuxièmement, s'ils voulaient le faire, ils ne feraient plus partie du système.

En outre, je n'ai rien à leur dire qu'ils ne sachent déjà. Seulement, du même savoir nous tirons des conclusions différentes.

Dans *Manufacturing Consent. The Political Economy of the Mass Media*[1], vous expliquez que plus un groupe domine la société, plus il met en avant une vitrine d'hommes politiques et de journalistes pour asseoir son pouvoir. Pensez-vous qu'il y ait des stratégies élaborées ?

Dans les systèmes de pouvoir, dans les cercles dirigeants de la grande industrie, dans les entreprises de relations publiques, c'est bien sûr le fruit d'une stratégie soigneusement pensée.

---

1. *Op. cité.*

Pouvez-vous nous en donner un exemple?

Les exemples sont nombreux. L'un des mieux documentés est la campagne de propagande menée par les milieux industriels, qui commença à la fin des années 30, fut mise en veilleuse durant la Seconde Guerre mondiale et repartit de plus belle après 1945. Comme le révèlent les publications de ses promoteurs, ce fut une campagne tout à fait délibérée. Dans les années 20, on croyait avoir atteint «la fin de l'Histoire», dans une sorte de paradis des maîtres – c'était arrivé plusieurs fois au cours des deux siècles précédents. Dix ans plus tard, tout semblait perdu ou sur le point de l'être. La presse économique mettait en garde contre *«les risques auxquels* [étaient] *confrontés les industriels face à la force politique montante des masses»*. Cette rhétorique marxiste est assez fréquente, jusque dans les documents internes du gouvernement américain.

Les dirigeants d'entreprises reconnaissaient que la mobilisation ouvrière avait dépassé le stade où elle pouvait être réprimée par la force. Les États-Unis ont une histoire ouvrière particulièrement violente, avec des centaines de morts du côté ouvrier, bien plus que dans les autres sociétés industrielles comparables. Fidèle aux pratiques habituelles quand le recours à la violence ne suffit plus, le grand patronat se tourna vers la propagande, ses *«méthodes scientifiques pour briser une grève»* et ses instruments de contrôle des esprits. C'est alors que fut développée et mise en œuvre la fameuse *Mohawk Valley Formula*, selon laquelle les militants syndicalistes étaient des *«agitateurs extérieurs»*, probablement des *«communistes»* qui voulaient détruire notre si belle et harmonieuse société, heureuse de jouir des délices de l'*American Way of Life* : l'ami banquier toujours disposé à prêter de l'argent à qui en a besoin, le chef d'entreprise qui se tue au travail pour aider les pauvres et les ouvriers, l'honnête travailleur et sa loyale épouse, etc.

Tous les canaux étaient bons pour transmettre ce message : la presse, le clergé, le cinéma, la radio et ensuite la télévision, les publics captifs sur les lieux de travail, les ligues sportives, les associations de parents et d'enseignants... Les dirigeants d'entreprises prirent conscience qu'ils devaient se consacrer à *« l'éternel combat pour gagner les esprits et les cœurs »*, qu'il fallait *« inculquer la vulgate capitaliste »*. C'était particulièrement important après la Seconde Guerre, quand de puissants partis sociaux-démocrates et d'autres courants démocratiques plus radicaux menaçaient le règne des entreprises. Les agences de communication et de publicité furent mobilisées, pour contrôler non seulement les opinions mais aussi les comportements, en renforçant un long travail visant à imposer – comme le disaient les dirigeants d'entreprises eux-mêmes – *« une philosophie de la futilité »* où les gens s'attachent aux *« choses superficielles de la vie, tels les objets de consommation à la mode »*, oubliant les idées dangereuses de compassion, de solidarité, de souci d'autrui et, d'une façon plus générale, les valeurs humaines.

On retrouve votre idée de propagande...

Oui. Les sciences sociales ont apporté leur contribution. La rubrique « propagande » rédigée par Harold Lasswell, l'un des fondateurs des sciences politiques modernes, pour l'*Encyclopædia of the Social Sciences* explique que nous devons renoncer à ce *« dogme démocratique selon lequel le peuple est le meilleur juge de ses propres intérêts »*. Il ne l'est pas, mais nous le

Une philosophie de la futilité où les gens s'attachent aux choses superficielles de la vie, tels les objets de consommation à la mode, oubliant les idées dangereuses de compassion, de solidarité, de souci d'autrui et d'une façon plus générale les valeurs humaines.

sommes, nous, les « hommes responsables ». Et comme la force ne suffit plus, nous devons avoir recours aux techniques de propagande. Des intellectuels connus, comme Walter Lippmann et Reinhold Niebuhr, voyaient dans le peuple un *« troupeau désorienté »* qu'il fallait conduire, pour son propre bien, étant donné *« la stupidité de l'homme moyen »*. À ses mentors de lui donner *« les illusions nécessaires »*, de l'approvisionner en *« idées simples mais psychologiquement efficaces »*. Dans une démocratie, le rôle dévolu aux masses doit être celui *« de spectateurs intéressés devant ce qui se passe »*, et pas celui de *« participants »*. Toutes ces idées trouvent leur source chez d'éminents penseurs, très anciens, mais sont devenues de puissants courants de pensée dans les sociétés démocratiques du XXe siècle. Il existe quelques bons travaux de recherche sur ces questions. Il ne fait aucun doute qu'il s'agit d'une doctrine soigneusement pesée et d'une stratégie délibérée, et plutôt pragmatique, qui a rencontré un succès considérable.

Les intellectuels les plus perspicaces en sont conscients. Mais la plupart participent à l'entreprise de subordination sans s'en rendre compte, car cela fait partie de leur formation. D'ailleurs, Pierre Bourdieu a écrit là-dessus : on apprend à se comporter d'une certaine façon, et ceux qui n'y arrivent pas finissent chauffeurs de taxi[1]. Le système éducatif opère une

1. Agrégé de philosophie, Pierre Bourdieu occupe la chaire de sociologie au Collège de France depuis 1981. Dans ses principaux ouvrages, *Les Héritiers* (1964), *La Reproduction* (1970) et *La Noblesse d'État* (1989), Pierre Bourdieu montre comment la maîtrise des codes culturels assure une position dominante aux élites, qui cumulent capital économique, capital linguistique et capital culturel. L'école reproduit l'ordre social et les rapports de domination dans la mesure où elle privilégie des principes (intelligence, priorité à la langue écrite sur l'oral) qui sont les valeurs de la classe dominante.

sélection. Il favorise l'obéissance et la passivité. Ceux qui ne s'y plient pas sont rejetés.

Ce n'est pas automatique, mais c'est un mécanisme qui fonctionne assez bien et que l'on peut analyser.

Imaginez que vous soyez dans le système et que vous essayiez de faire quelque chose qui contrevient à ses règles. Immanquablement, votre supérieur va vous convoquer pour vous dire : *« Mon vieux, vous devenez trop sentimental. Vous êtes à côté de la plaque. »* Et vous voilà viré ! Les meilleurs journalistes d'investigation – certains sont mes amis – le savent. Mais ils s'arrangent pour glisser discrètement des vérités dans leurs articles. En revanche, probablement 99 % des intellectuels et des journalistes n'en sont absolument pas conscients. Ils ont intégré la culture ambiante et vivent dedans.

Selon vous, Bill Gates a-t-il davantage de pouvoir que le Président des États-Unis ?

Ce n'est pas une bonne comparaison. Le Président américain a un pouvoir limité. S'il essayait de sortir du cadre que lui imposent les grands groupes, il serait sans doute annihilé.

On l'a bien vu au début du premier mandat de Bill Clinton, en 1992. À l'époque, quelques-uns de ses conseillers ont voulu faire quelque chose pour stimuler l'économie, alors en récession. Ils ont proposé deux ou trois mesures sociales – tellement inoffensives qu'en Europe, on ne s'en serait même pas aperçu. Les milieux financiers y ont immédiatement mis le holà, en agitant tout simplement la menace d'une fuite des capitaux et d'une augmentation du cours des obligations.

Clinton a dû se repositionner plus à droite et revenir au rôle traditionnel de porte-parole des intérêts du monde des affaires. Tout ça s'est déroulé au vu et au su de tous. Des articles sont parus dans le *Wall Street Journal*, et même des livres (dont un de Bob Woodward[1]). C'est comme ça que le système fonctionne.

Bill Gates bénéficie-t-il d'une plus grande autonomie ?

Il en va de même pour Bill Gates. Le pouvoir du capital financier émane du pouvoir politique. Son pouvoir dépend directement de sources extérieures, en l'occurrence du gouvernement fédéral, qui a joué un rôle crucial dans le développement des techniques sur lesquelles reposent sa fortune et son pouvoir. Gates conserve son pouvoir pour autant qu'il accepte de se plier aux règles du jeu.

Ainsi, la tendance est aux oligopoles, pas aux monopoles. Ce n'est pas sans raison. Pour les grosses entreprises, une situation d'oligopole est préférable à une situation monopolistique. Si une compagnie de téléphone possède le monopole, elle subit des pressions de la part de l'opinion et, de fait, il y a des lois qui l'obligent à remplir une mission de service public. Quand il y a un oligopole, les entreprises peuvent se réfugier derrière l'argument de la concurrence.

Actuellement, l'industrie de l'aviation civile est dominée par deux grands groupes, Airbus et Boeing, tous deux largement subventionnés par l'argent public. Quand vous voyagez à bord de l'un de leurs avions, c'est probablement un bombardier ou un avion de transport militaire qui a été

1. Avec Carl Bernstein, Bob Woodward s'est rendu célèbre pour avoir été à l'origine de la révélation de l'affaire du Watergate, alors que tous deux enquêtaient pour le *Washington Post*.

modifié pour des besoins civils. On constate le même phénomène dans bien d'autres secteurs économiques, notamment le système médiatique global, ce qui n'est pas sans conséquence.

Dans un premier temps, la recherche et le développement sont assurés, dans une très large mesure, par l'argent public. Puis s'installe un oligopole. L'industrie automobile a suivi le même modèle, et maintenant c'est au tour de Microsoft. Microsoft avait tendance à devenir un monopole, mais le secteur privé n'a pas apprécié car il préfère un peu plus de diversité. Du coup, Microsoft est en train de se faire rogner les ailes.

Seriez-vous intéressé par une rencontre privée avec le patron de Microsoft, celui de Boeing ou de Nike ?

Pourquoi pas? Nous évoluons dans le même univers. Ils comprennent ce que je fais, et je comprends où ils se situent. Bien qu'appartenant à des bords opposés, nous voyons le monde de la même façon, j'imagine.

En fait, même avec la CIA nous voyons le monde de la même façon. Il est intéressant de lire les archives, désormais – en partie – ouvertes au public, des services de renseignement, des grands organismes de planification et des hauts responsables politiques. Leur approche et leurs analyses sont souvent très proches de ceux qui, à gauche, les critiquent, et l'on y trouve même une bonne dose de phraséologie empruntée au marxisme de base. Les conclusions qu'ils en tirent sont évidemment différentes, mais elles sont davantage le reflet d'autres valeurs que de divergences d'interprétation concernant ce qui se passe dans le monde.

Pouvez-vous préciser ?

Prenez, par exemple, le type d'analyse qui présida au renversement du gouvernement du Guatemala en 1954, événement qui mit fin à un bref intermède démocratique et inaugura quarante ans d'horreurs, dont souffre encore une grande partie de la population de ce pays. Pour la CIA et d'autres services de renseignement, la situation au Guatemala était *« hostile aux intérêts américains »*, en raison de *« l'influence communiste* [...], *fondée sur un militantisme prônant activement des réformes sociales et une politique soucieuse des intérêts nationaux rappelant la Révolution guatémaltèque de 1944 »*, laquelle avait inauguré dix ans d'intermède démocratique auquel allait mettre fin un coup d'État militaire soutenu par les États-Unis.

Bien plus, cette *« politique extrémiste et nationaliste »* du gouvernement capitaliste et démocratique du Guatemala, qui n'hésitait pas à *« persécuter les intérêts économiques étrangers, en particulier ceux de l'United Fruit Company »*, s'était acquis *« le soutien ou l'assentiment de presque tous les Guatémaltèques »*. Le gouvernement s'apprêtait à créer un *« soutien de masse au régime actuel »* en organisant les ouvriers, en mettant en place une réforme agraire, en *« mobilisant une paysannerie jusque-là politiquement inerte »* et en restreignant le pouvoir des grands propriétaires terriens. D'autre part, en mettant l'accent sur l'antagonisme entre la démocratie et la dictature, et entre l'indépendance nationale et *« l'impérialisme économique »*, la propagande officielle guatémaltèque était un facteur de trouble dans la zone des Caraïbes.

Était également inquiétant le soutien apporté par le Guatemala, dans d'autres pays des Caraïbes, aux éléments

« démocratiques » luttant contre la « dictature ». Les allégations d'un soutien guatémaltèque au dirigeant politique du Costa Rica, José Figueres, étaient particulièrement préoccupantes : Figueres était l'une des figures marquantes de la démocratie en Amérique centrale depuis la fin de la Seconde Guerre (jusque-là très pro-Américain et bon ami de la CIA).

La Révolution de 1944 avait donné naissance à *« un puissant mouvement national déterminé à libérer le Guatemala de la dictature militaire, de l'arriération sociale et du "colonialisme économique" hérité du passé »* qui *« inspirait la loyauté et était conforme aux intérêts des Guatémaltèques les plus conscients politiquement »*. Tout cela reflétait le *« faible niveau de développement intellectuel »* du peuple guatémaltèque. Selon un responsable du Département d'État, le Guatemala *« représentait une menace croissante pour la stabilité du Honduras et du Salvador. Sa réforme agraire était une puissante arme de propagande. Son vaste programme social destiné à aider les ouvriers et les paysans dans un combat victorieux contre les classes supérieures et les grandes entreprises étrangères trouvait un puissant écho auprès des populations des pays voisins d'Amérique centrale où prévalaient les mêmes conditions. »*

Ce sont ces raisons qui amenèrent le Président Eisenhower[1] et le Secrétaire d'État Dulles à penser que *« la défense et la sauvegarde »* des États-Unis risquaient d'être en

1. Ancien commandant en chef des forces américaines en Europe durant la Seconde Guerre mondiale, Dwight « Ike » Eisenhower (1890-1969) a remporté les élections présidentielles américaines de 1952, marquant le retour des Républicains au pouvoir. Eisenhower, qui dirigera le pays jusqu'en 1960, contribuera à normaliser les relations avec l'URSS.

jeu lorsqu'on les informa qu'une situation de grève au Honduras avait peut-être bénéficié du *« soutien moral et matériel du voisin guatémaltèque »*.

Les archives fédérales sont remplies d'histoires similaires. Pour avoir (un peu) regardé les archives d'autres puissances occidentales – divulguées ou ouvertes au public –, je peux dire que celles qu'on y trouve ne sont guère différentes, voire parfois bien pires.

Depuis le sommet de l'Organisation des pays exportateurs de pétrole (Opep) à Seattle en 1993, tous les grands sommets internationaux de ces dernières années qui se sont tenus aux USA ont été financés par des fonds privés. En 1999, la réunion de l'OMC, organisée dans la même ville de Seattle, a été sponsorisée par Microsoft et Boeing. Cela a-t-il une incidence sur le contenu de ces sommets ?

Les multinationales ont des intérêts communs et sont prêtes à payer pour ce genre de manifestation. Toutefois, Microsoft et Boeing sont directement issus du pouvoir politique. Jusqu'à la Deuxième Guerre mondiale, le groupe Boeing ne réalisait aucun bénéfice. Avec la guerre, il est devenu le premier constructeur d'avions de combat et de bombardiers. À force d'escroquerie, de corruption et d'affairisme, il a accumulé un immense capital. La plupart des technologies nouvelles ont été développées au sein de l'armée, avant d'être transférées à l'industrie privée.

Quant à Microsoft, sa puissance repose sur les ordinateurs, et depuis quelques années sur Internet. Les ordinateurs ont été développés grâce à des contrats militaires et des systèmes de défense aériens. La recherche informatique a été financée par le secteur public. Si IBM vend autre chose que des machines à écrire, c'est parce que cette entreprise travaillait sur des programmes de recherche financés par le gouvernement. Dans les années 50, le financement de ces recherches était à 100 % public. C'est ce qui se passe aujourd'hui dans les domaines les plus avancés de la technologie du futur. Les semi-conducteurs, les microprocesseurs, la plupart des technologies de pointe sont des retombées de la recherche publique.

On peut en dire autant d'Internet. Pendant trente ans, la plupart des idées, les innovations, l'argent et les contrats sont venus du public. Le Web a été mis au point par la recherche publique. Puis, en 1995, Internet est passé dans le secteur privé selon des procédures qui restent secrètes. Ce bien collectif – créé par des fonds publics, à l'initiative du secteur public et propriété du public – a été cédé à des entreprises privées. Comme Microsoft.

Avez-vous des précisions sur ces cessions du public au privé ?

Comme je l'ai dit, tout ceci est entouré du plus grand secret. Beaucoup de gens s'en préoccupent, et notamment quelques chercheurs de premier plan. Mais, à ma connaissance, cela n'a pas fait l'objet d'une enquête à grande échelle.

D'où l'hypocrisie du gouvernement américain lorsque ses membres dénoncent le fait qu'en France, l'État subventionne le secteur privé. N'en va-t-il pas de même aux États-Unis ?

Internet, ce bien collectif, créé par des fonds publics, à l'initiative du secteur public et propriété du public a été cédé à des entreprises privées comme Microsoft.

Les plus hypocrites sont ces économistes et ces intellectuels qui savent mais se taisent. C'est comme ça que vous lisez des pages et des pages sur les miracles de l'économie de marché et de l'esprit d'entreprise, alors que toute l'économie repose, de manière cruciale, sur l'État!

Dans le domaine de la haute technologie, le principal organisme de recherche américain est la *Defense Advanced Research Projects Agency* (Darpa). C'est un tout petit organisme au sein du Pentagone, mais il est à l'origine de beaucoup de grands projets de recherche. C'est lui qui a développé Internet. Aujourd'hui, il finance des projets dans les biotechnologies[1]. Cet organisme gouvernemental finance des programmes de recherches futuristes, par exemple sur les bactéries résistantes aux antibiotiques. Si cela donne des résultats, d'ici vingt ans les entreprises pharmaceutiques en tireront des profits considérables.

Il en va de même des nanotechnologies[2]. Quand l'argent public les aura financées, elles passeront dans le secteur privé.

Le plus drôle, c'est la controverse entre l'Europe et les États-Unis à propos de l'industrie aéronautique. Chacun accuse l'autre de subventionner son industrie, mais il ne peut y avoir d'industrie aéronautique sans intervention publique. Les contribuables les financent sans le savoir.

---

1. Les biotechnologies regroupent un ensemble de sciences et de techniques qui ont recours à des manipulations génétiques pour créer de nouvelles espèces animales ou végétales : les organismes génétiquement modifiés (OGM). Les biotechnologies ont des applications dans l'agriculture, mais aussi dans le secteur de l'environnement. C'est ainsi que des chercheurs mettent actuellement au point des bactéries susceptibles de détruire les déchets domestiques.
2. Un nanomètre représente un milliardième de mètre. Le terme « nanotechnologie » s'applique à la fabrication d'objets infiniment petits, construits atome par atome.

Le capitalisme

L'effondrement du Mur de Berlin, les avancées de la technologie, l'accélération des échanges financiers sont des événements majeurs qui modifient considérablement la nature du capitalisme. Personne n'a encore donné une image fidèle de cette lame de fond, car, pour la comprendre, il faut se débarrasser des repères anciens. D'où un décalage entre la réalité du monde et sa représentation…

La chute du Mur de Berlin a eu des conséquences. Le progrès technique est réel, mais il dure déjà depuis quelque temps. Il a accéléré les choses, mais le principal changement est ailleurs : il réside dans la décision, prise au début des années 70, d'abord par les États-Unis puis par la Grande-Bretagne, de déréglementer le capital.

Les accords de Bretton Woods[1] visaient à contrôler les flux

1. Signés en juillet 1944, les accords de Bretton Woods avaient pour but de réorganiser le Système monétaire international. Afin de stimuler les échanges internationaux, ils ont instauré la libre convertibilité de toutes les monnaies et la convertibilité du dollar en or, contribuant à faire de la monnaie américaine la devise clé des échanges internationaux. La décision du Président Nixon de mettre fin unilatéralement à la convertibilité du dollar en or, en 1971, fragilisera le système, qui sera progressivement abandonné.

de capitaux. Lorsque la Grande-Bretagne et les États-Unis ont créé ce système au lendemain de la Seconde Guerre mondiale, il existait un ardent désir de démocratie. Le système était conçu de façon à préserver les idéaux sociaux-démocrates, c'est-à-dire, fondamentalement, l'État-Providence. Pour ce faire, il fallait contrôler les mouvements de capitaux. Si on laisse les capitaux se déplacer librement d'un pays à l'autre, arrive un jour où les institutions financières et les investisseurs sont, dans les faits, en position de déterminer la politique des États. Ils constituent ce qu'on appelle parfois un « Parlement virtuel » : sans être dotés d'aucune existence institutionnelle réelle, ils sont en mesure de peser sur la politique des États par la menace d'un retrait des capitaux et par d'autres manipulations financières.

Le système de Bretton Woods visait à protéger la démocratie et la social-démocratie, en contrôlant les flux de capitaux et en régulant les taux de change de façon à empêcher une spéculation nocive et source de gaspillage. Il a commencé à être démantelé au début des années 70. Cela a eu pour effet de faire basculer encore plus de pouvoir du côté du privé, et en particulier du capital financier – un capital financier étroitement lié au capital industriel. Du coup, partout dans le monde, on assiste depuis à un déclin des missions de service public : déclin des systèmes de protection sociale, déclin des services sociaux, stagnation ou baisse des salaires, augmentation de la durée du travail, détérioration des conditions de travail, etc.

On explique souvent qu'il suffit aux puissances financières d'agiter la menace d'une fuite des capitaux pour contrôler la politique des États. Qu'en pensez-vous ?

En 1971, 90 % du capital impliqué dans les échanges internationaux étaient liés à l'économie réelle, et environ 10 % étaient de nature spéculative. Aujourd'hui, on estime que plus de 95 % de ces capitaux sont purement spéculatifs et que quelques pour cent seulement sont liés à l'économie réelle. Qui plus est, ce capital spéculatif a connu, en valeur absolue, une véritable explosion.

Tout cela s'est fait aux dépens de la population. Ainsi, partout dans le monde on assiste, depuis, au déclin des fonctions étatiques qui sont au service des citoyens, à une stagnation ou à une baisse des salaires, à une augmentation du temps de travail, à une dégradation des conditions de travail des ouvriers...

Il convient également de noter qu'à quelques exceptions près, on constate un recul des grands indicateurs d'une bonne économie. La croissance, la productivité et l'investissement ont baissé ; les taux d'intérêt, en hausse, ont freiné la croissance ; l'économie, plus instable, a connu des crises financières à répétition. Pour certains secteurs, les résultats ont été spectaculaires. Mais pas pour la grande majorité de la population, même dans les pays riches.

La croissance est surtout concentrée dans le capital financier...

Le capital financier réalise des profits gigantesques. Aujourd'hui, la spéculation porte sur des sommes astronomiques. Environ deux milliards de dollars se déplacent tous les jours d'un pays à l'autre. Des centaines de fois plus qu'avant. En outre, ce sont des investissements à très court terme. C'est mauvais pour l'économie, mais très rentable pour le capital financier.

Pensez-vous qu'il y ait une alternative à ce modèle capitaliste ?

D'abord, il n'y a pas de capitalisme. Le capitalisme n'existe pas, du moins au sens de pure économie de marché. On est en présence d'une économie qui se partage entre un énorme secteur public, qui assume collectivement les coûts et les risques, et un énorme secteur privé qui est entre les mains d'institutions totalitaires. Ce n'est pas du capitalisme.

Comment définiriez-vous ce système ?

C'est un système composé d'entités privées concentrant des pouvoirs énormes, liées entre elles par des alliances stratégiques et dépendant d'États puissants pour socialiser les risques et les coûts. On le qualifie parfois d'*Alliance State Capitalism* ou de *Corporate Mercantilism.* On ne lui a pas encore vraiment trouvé de nom. Mais Adam Smith [1] et tous ceux qui croyaient au marché en seraient horrifiés.

La théorie du libre-échange repose sur l'hypothèse que le travail est mobile et le capital immobile. Ainsi, David Ricardo [2]

---

1. Adam Smith (1723-1790) est le père de l'économie libérale. Dans *Recherche sur la nature et les causes de la richesse des nations* (1776), il démontre comment le libre fonctionnement des lois du marché et la concurrence favorisent la croissance économique.
2. L'économiste anglais David Ricardo (1772-1823) prolongera les thèses libérales d'Adam Smith. Ricardo illustre son opposition au protectionnisme avec la théorie des avantages comparatifs, dans laquelle il prend l'exemple de la production de vin et de draps en Angleterre et au Portugal pour justifier l'efficacité de la spécialisation nationale.

part du principe de l'immobilité du capital. Selon lui, si les capitalistes anglais avaient pu exporter leurs fonds au Portugal, il aurait été plus logique que vin et drap soient l'un et l'autre faits au Portugal. Mais il partait du présupposé que les capitalistes anglais préféraient conserver leur capital en Angleterre.

Voilà pour la théorie. Dans la réalité, c'est exactement l'inverse. Le travail est immobile, plus qu'il ne l'a jamais été depuis des siècles. Les capitaux, eux, se déplacent.

Au début de ce siècle, il y a eu des tentatives de mondialisation comparables à celles qu'on observe de nos jours, mais avec de grandes différences. L'une d'elles tient au fait que le travail était alors beaucoup plus mobile, entraînant de grandes vagues de migration. Aujourd'hui, les flux migratoires sont plus faibles, et strictement contrôlés. D'autres différences importantes tiennent à la constitution des échanges, au rythme et à l'intensité des transactions financières.

Sur tous les plans, notre économie n'entretiendrait que des ressemblances superficielles avec un système de libre concurrence ?

Sauf sur le plan financier. Les marchés financiers ont, en effet, été déréglementés, avec les conséquences néfastes que l'on sait pour les hommes et les économies.

C'est aussi la cause probable de la multiplication des crises financières. La crise asiatique de 1997 a été une conséquence quasi immédiate de la dérégulation des marchés. De manière générale, la déréglementation financière semble avoir hâté le passage d'une période – les années 50 et 60 – caractérisée par une croissance très forte et largement distribuée – « l'âge d'or », comme on l'appelle parfois – à une période marquée par une stagnation, voire une baisse des salaires pour le plus grand nombre, une augmentation des heures de travail, une détérioration de la protection sociale et un affaiblissement de la démocratie. Cette évolution est plus ou moins contemporaine de la déréglementation des marchés financiers ; bien des économistes pensent, non sans raison, qu'il ne s'agit pas d'une simple coïncidence.

En revanche, le système de production n'a pas été déréglementé dans les mêmes proportions, tant s'en faut. Le secteur public existe toujours.

Laissez-moi revenir sur un autre point. Le libéralisme classique fait l'objet d'une attaque en règle par le biais des multinationales. Cela va si loin que les nouveaux accords commerciaux garantissent aux multinationales un traitement national. Si General Motors s'implante au Mexique, il devra y être traité comme une entreprise mexicaine. Mais si un citoyen mexicain se rend aux États-Unis, il n'y est pas traité comme un citoyen américain. Ainsi, les personnes n'ont pas droit à un traitement national, seules les entités organiques peuvent y prétendre. C'est une atteinte directe au libéralisme classique. Si Adam Smith voyait ça, il se retournerait dans sa tombe !

Quel rôle le Fonds monétaire international joue-t-il, dans ce contexte ? N'est-il pas, lui aussi, un acteur majeur ?

C'est un acteur dont il faut tenir compte. Quand un pays fait faillite, le FMI le renfloue. Ainsi, quand le Fonds envoie de l'argent en Indonésie, celui-ci ne va pas aux Indonésiens qui sont dans le besoin, mais aux investisseurs, aux organismes prêteurs, aux banques... Dans un système semi-capitaliste, plus l'investissement est risqué, plus le rendement est élevé. Les deux vont de pair. Pour gagner beaucoup d'argent en bourse, il faut investir dans les secteurs à risque.

En principe, quand un investissement est aventureux, on se contente de miser une petite somme. Or le FMI a bouleversé la donne. Désormais, on peut se permettre de faire des placements risqués dans des pays comme l'Indonésie ou la Thaïlande et être sûr d'empocher de substantiels bénéfices. En effet, dès qu'il y a un problème, le secteur public vient à la rescousse. Cela tend à accroître ce que les économistes appellent le « risque moral ». Ce n'est pas du capitalisme.

En inventant la puce électronique, en révolutionnant les modes de communication, l'homme a peut-être aussi élaboré une arme mortelle pour le système économique actuel. A-t-il mesuré les conséquences de ces innovations ?

Ces innovations techniques ont certainement changé bien des choses, mais pas autant que le passage de la navigation à voile au téléphone. Il y a un siècle, pour envoyer une lettre des États-Unis en Angleterre, il fallait la confier à un navire à voile. Et si tout allait bien, elle arrivait au bout de quelques semaines. Un appel téléphonique prend un instant. C'est un bouleversement bien plus considérable.

La déréglementation, ajoutée à tous ces bouleversements technologiques, ne risque-t-elle pas de provoquer l'implosion du système ?

Il faut voir. Personne ne comprend vraiment les ressorts de l'économie mondiale. Les modèles économiques mis au point pour expliquer les marchés financiers changent à peu près tous les ans. Les événements les réfutent un à un. Tout le monde sait que, dans ce domaine, il n'y a pas de théorie.

Selon John Maynard Keynes[1], les marchés financiers sont irrationnels. Ils reposent sur des comportements grégaires. Keynes comparait les marchés financiers à des concours de beauté où les membres du jury ne jugent pas les candidates pour elles-mêmes, mais se déterminent en fonction de ce qu'ils croient être le choix de leurs collègues. C'est exactement ce qui se passe sur les marchés financiers et spéculatifs : chacun essaie de deviner ce que les autres vont faire, pour faire de même. Résultat : tout prend des proportions excessives. La panique est excessive, les booms sont excessifs… Les marchés financiers exacerbent les records, à la hausse comme à la baisse, d'où des catastrophes à intervalles réguliers.

Personne ne serait en mesure de faire des prévisions valables ?

À l'automne 1998, l'économie mondiale semblait au bord du gouffre. Relisons les rapports de la Banque des règlements

1. L'Anglais John Maynard Keynes (1883-1946) a bouleversé les fondements théoriques de l'économie libérale classique. Ses ouvrages, dont le plus célèbre est la *Théorie générale de l'emploi, de l'intérêt et de la monnaie* (1936), ont fortement marqué les politiques publiques après la Seconde Guerre mondiale. Keynes dénonce notamment les effets pervers de la spéculation boursière en montrant que les anticipations des acteurs peuvent être déstabilisantes quand les spéculateurs surveillent le comportement des autres intervenants sur le marché.

Sur les marchés financiers et spéculatifs, chacun essaie de deviner ce que les autres vont faire pour faire de même. Résultat : tout prend des proportions excessives.

internationaux à Bâle[1], la banque centrale des banques centrales, la plus respectable des institutions : « Nous ne comprenons pas ce qui se passe, nous devons rester "humbles" devant la réalité... » Autrement dit : nous sommes dans le noir !

Un livre intitulé *Panic first !*[2] affirme qu'il y a deux règles en matière d'investissement. La première est : « Pas de panique » ; la seconde : « Commencez par paniquer ».

Cela vous inquiète-t-il ?

Notre système est extrêmement instable, personne ne sait ce qu'il va devenir. Il est tout à fait possible qu'il s'effondre, notamment à cause d'une catastrophe écologique. Une véritable économie de marché conduirait à une catastrophe généralisée. Dans une véritable économie de marché, chacun s'efforce de maximiser ses profits sans se soucier des conséquences pour le reste de la planète.

C'est une des raisons pour lesquelles le monde des affaires n'a jamais laissé les marchés fonctionner librement. Dans un marché, chacun est censé voter avec ses dollars. Si vous avez 25 dollars, vous vous placez sur le marché avec vos 25 dollars.

---

1. La Banque des règlements internationaux (Bri), fondée à la suite des Accords de La Haye, en 1930, est la doyenne des organisations financières internationales. Située à Bâle, elle regroupe vingt-quatre pays européens, ainsi que l'Afrique du Sud, l'Australie, le Canada, le Japon et les États-Unis. Elle fait office de « banque centrale des banques centrales » puisqu'elle peut accorder des prêts aux banques centrales des pays membres – mais pas aux gouvernements directement. Les opérations de la Bri doivent être conformes à la politique monétaire des banques centrales qu'elle représente pour certains règlements financiers internationaux.
2. *Panic First !*, Robin Hahnel, South End Press, Cambridge MA, 1999.

Il y a toutefois des absents, à savoir les générations futures. Or ce seront elles qui auront à supporter les conséquences de nos décisions actuelles.

Quel type de conséquence craignez-vous plus particulièrement ?

Si le système s'effondre, ce pourrait être à cause d'une crise financière ou d'une catastrophe écologique. Rien ne garantit l'avenir de la société, sauf la vigilance du public. Elle peut aussi disparaître si, un jour, les gens en ont assez et la rejettent. Selon les données les plus récentes, aux États-Unis, en 1999, le temps de travail d'une famille disposant de revenus moyens avait augmenté de six semaines pleines par rapport à 1989. Malgré cela, son patrimoine n'a augmenté que de façon marginale dans les années 90, et son endettement atteint des niveaux sans précédent. Le pourcentage de pauvres est supérieur à ce qu'il était en 1979. On s'enthousiasme beaucoup pour la Bourse, mais près de la moitié des actions sont détenues par 1 % des actionnaires, alors que 80 % des actionnaires n'en détiennent que 4 %. On trouve tous ces chiffres dans le rapport bi-annuel *State of Working America*, publié par l'*Economic Policy Institute.*

Vous évoquez le risque d'une catastrophe écologique. Dernièrement, plusieurs marées noires ont dévasté les côtes françaises, la baie de Rio de Janeiro et celle d'Istanbul. Vous vous êtes pourtant rarement exprimé sur ce sujet. Pourquoi ? Et comment expliquez-vous que la conscience écologique aux États-Unis soit si faible ?

Rien ne garantit l'avenir de la société,
sauf la vigilance du public.

L'opinion publique s'en inquiète beaucoup, mais nous sommes dans une société dominée par le marché, où les conséquences à long terme sont «externalisées» et ne pèsent que de façon marginale sur les décisions. Les coûts d'une catastrophe écologique seront supportés par les générations futures, lesquelles ne «votent pas sur le marché» et n'ont donc pas voix au chapitre. Les Américains se sentent très concernés par ces problèmes, mais ils sont paralysés par une intense propagande qui leur serine que les risques écologiques n'existent pas, qu'ils sont inventés par des excités, peut-être même par des éléments subversifs ou «anti-Américains». Et même si ces risques sont réels, ils profitent aux États-Unis.

Respecter les engagements pris dans le Protocole de Kyoto (de tous les pays industrialisés, les États-Unis sont, depuis dix ans, celui qui les viole le plus[1]) coûterait cher à l'économie, entend-on, et risquerait de vous faire perdre votre emploi; les conventions internationales sont injustes car elles placent l'essentiel du fardeau sur les États-Unis, etc. Les inquiétudes sont grandes mais restent latentes. Réagir nécessiterait des efforts de pédagogie et d'organisation, et par conséquent des moyens. Ceux-ci existent, mais ils ne sont rien comparés aux ressources et au pouvoir dont disposent ceux qui préfèrent «externaliser» les problèmes, non pas parce qu'ils sont

1. Le 13 mars 2001, le Président américain George W. Bush a annoncé sa décision de renoncer à réglementer les émissions de dioxyde de carbone (CO_2), contrairement aux indications qu'il avait données durant sa campagne présidentielle. Il a réaffirmé à cette occasion son opposition au Protocole de Kyoto sur la réduction de l'effet de serre, en estimant qu'il était « *injuste et inefficace, 80 % des pays du monde en étant exemptés* », et qu'il porterait « *sérieusement atteinte à l'économie américaine* ».

méchants, mais pour de solides raisons institutionnelles : c'est la seule façon de survivre et de prospérer dans une semi-économie de marché.

Ces derniers mois, on a assisté à la multiplication de gigantesques mouvements de concentration. Aux États-Unis, les lois anti-trust[1] sont-elles efficaces ?

Davantage qu'en Europe. Prenez, par exemple, le cas de Microsoft. Pourquoi s'attaque-t-on aujourd'hui à cette firme ? Parce que le monde des affaires est hostile aux trop grandes concentrations.

Historiquement, ces lois anti-trust sont-elles le fait des formations politiques ?

En partie seulement. L'initiative est souvent venue du secteur privé, qui voulait introduire une certaine régulation dans un monde par trop chaotique. En fait, l'administration Clinton a battu tous les records en autorisant de gigantesques fusions. La concentration n'a jamais atteint un tel niveau.

---

1. Les trusts regroupent plusieurs sociétés indépendantes qui confient leur gestion à un unique *board of trustees* afin de contrôler un marché. Ces alliances, qui placent ces entreprises en situation de monopole de fait, se sont développées aux États-Unis à la fin du XIXe siècle. Cette situation a conduit à l'adoption d'un arsenal législatif anti-trust : le *Sherman Act* (1890) et le *Clayton Act* (1914).

L'économie invisible

À côté de l'économie officielle, il y a l'argent de la mafia, de la drogue et de la corruption. On a le sentiment que cette économie invisible a pris le pas sur l'économie visible...

C'est vrai, mais seulement en partie. Dans son dernier livre, Susan Strange, une économiste britannique, montre que la corruption et l'argent de la drogue occupent une place probablement réduite comparée à une autre forme de corruption, à savoir toutes les techniques utilisées par les multinationales pour échapper aux impôts[1]. Par exemple, si une entreprise a son siège social dans les îles Vierges britanniques, cela ne s'appelle pas de la corruption. Une multinationale peut décider du pays où elle rapatrie ses profits : cela s'appelle l'optimisation fiscale. Elle s'arrange administrativement pour payer ses charges dans le pays où les impôts sont les plus faibles. C'est de la corruption, mais légale.

1. *Mad Money : When Markets Outgrow Governments*, Susan Strange, University of Michigan Press, 1998.

Et il est probable qu'elle pèse d'un poids bien plus considérable que la corruption illégale...

La corruption légale est un sujet d'enquête intéressant, mais peu de personnes s'y lancent parce qu'elle remonte jusqu'au cœur du pouvoir. On estime qu'environ 50 % de l'argent de la drogue transite par des banques américaines. Autrement dit, les banques américaines blanchissent la moitié de l'argent du narcotrafic. Il existe des moyens d'y mettre un terme, et le fait est qu'on a essayé, au début des années 80.

Aux États-Unis, une grosse somme de dollars déposée dans une banque doit faire l'objet d'une déclaration auprès des autorités fédérales. Si bien qu'il en reste une trace écrite. Vers 1980, les procureurs fédéraux de Miami se sont aperçus qu'il y avait un afflux d'argent dans les banques de la ville. Ils ont lancé une opération «*greenback*» (billet de banque), une enquête criminelle visant à détecter les banques qui faisaient transiter de l'argent illégalement. Promu «tsar de la drogue» sous l'administration Reagan, George Bush a rapidement mis fin à cette opération[1].

Les journalistes américains ont-ils médiatisé cette information ?

---

1. George Bush, qui échoua à l'investiture républicaine pour l'élection présidentielle de 1980, fut choisi comme vice-président par son adversaire durant les primaires, Ronald Reagan. À ce poste, il prendra en charge plusieurs domaines, comme la politique de dérégulation fédérale ou la lutte contre la drogue. Élu Président des États-Unis en 1988, George Bush reprendra à son compte les grands principes de la «guerre contre la drogue» décrétée par Ronald Reagan.

L'information a été publiée par au moins un reporter bien connu, Jefferson Morley, mais les hommes politiques ne vont pas se dresser contre les banques.

À quoi ressemble la mafia aujourd'hui ?

La mafia est devenue obsolète aux États-Unis. Les criminels sont pour la plupart des hommes d'affaires ordinaires. Et les vieux chefs de la mafia sont peu à peu mis hors circuit par la justice. La société obéissant à des règles plus strictes, plus rationnelles, la mafia se calque sur le monde de l'entreprise.

Et plus encore sur celui des multinationales, puisqu'il n'y a plus de frontières au système mafieux : les polices sont bloquées par les frontières, mais pas les mafias…

Les pays les plus puissants n'ont plus besoin de frontières. Quand les États-Unis veulent détruire la moitié de la production pharmaceutique du Soudan, ils ne se gênent pas pour le faire. Regardez ce qui se passe dans les Andes ! Les États-Unis ont contraint les pays andins à accepter leur politique de destruction des récoltes de coca. Ces pays y sont hostiles, ils savent bien que cela pénalise la population locale, les paysans. Quand on pulvérise des produits toxiques sur les récoltes, on détruit bien d'autres choses au passage. Et selon la plupart des experts, cela n'empêche pas la production de cocaïne de continuer. D'autre part, tout le monde est d'accord pour penser que ce problème est lié à la « demande », et non à l'« offre ». Le problème réside aux États-Unis, pas en Colombie.

On sait aussi que le traitement et les mesures préventives sont bien plus efficaces que la criminalisation, l'interdiction ou la destruction des récoltes à l'étranger. Mais ces mesures trouvent difficilement des financements. Ceci mis à part, de quel droit les États-Unis lancent-ils des attaques militaires et une guerre biologique contre un pays dont la production agricole leur déplaît (sans même voir que les paysans sont conduits à ce type de production en raison de la politique néo-libérale qui leur est imposée) ? Des milliers de gens en Asie meurent chaque année à cause de substances mortelles fabriquées aux États-Unis. Est-ce que cela donne le droit à la Chine de bombarder les plantations de tabac de la Caroline du Nord ?

La corruption politique aux États-Unis a quand même beaucoup évolué ces dernières années. Est-ce que le pays se protège ?

Tout dépend de ce que vous entendez par corruption. Par exemple, aux élections de 1998, 95 % des candidats élus ont dépensé plus d'argent pour leur campagne que leurs adversaires. Presque tout cet argent venait du monde des affaires. Autrement dit, le secteur privé a en quelque sorte acheté 95 % du Congrès[1]. Mais cela ne s'appelle pas de la corruption.

Le *New York Times* a publié un article intéressant. Le Congrès venait juste d'achever la discussion du Budget et s'était donc mis en quête des « suppléments de viande » (« *pork* ») – ces « diverses mesures » d'intérêt local votées *in*

1. Cette information émane du *Center for Responsive Politics*, une organisation indépendante qui analyse les élections.

Les Etats-Unis ont contraint les pays andins à accepter leur politique de destruction des récoltes de coca. Cela pénalise la population locale et n'empêche pas la production de cocaïne de continuer. Ce problème est lié à la "demande" et non à "l'offre". Le problème réside aux États-Unis, pas en Colombie.

extremis pour faire plaisir à tel ou tel représentant. Bien entendu, les élus les plus influents en récupèrent le plus. En 1999, ils se sont surpassés et ont rendu à leurs riches amis et électeurs des sommes considérables – provenant de l'argent public ! Les pires, et de loin, sont ceux qui amputent les programmes sociaux, ou qui prétendent que les mères défavorisées devraient recevoir des tickets alimentaires pour apprendre à ne pas dépendre de l'aide sociale. Chaque année, Newt Gingrich[1], le roi des escrocs, s'arrangeait pour ramener le maximum de fonds publics à ses riches électeurs de Géorgie. Bien sûr, la presse est au courant.

Ne pensez-vous pas que le talon d'Achille du libéralisme se trouve dans ces paradis fiscaux et dans l'accélération de la circulation de l'argent ?

Il est vrai que sans les télécommunications, les marchés financiers tels que nous les connaissons n'existeraient pas. Néanmoins, il y a eu de plus grandes révolutions dans le passé, et sachez qu'une même technologie peut être utilisée à des fins totalement différentes. La technique est neutre. Prenez une lire italienne ou toute autre monnaie. Elle n'a de valeur que parce que la société s'accorde à penser qu'elle en a une, mais elle n'a pas de valeur en soi. C'est juste un bout de

1. Ardent partisan de la révolution conservatrice, Newt Gingrich a été élu président de la Chambre des représentants à la suite de la victoire des Républicains aux élections législatives de 1994. Son ton provocateur et la radicalité de ses positions moralistes ont fait de ce troisième personnage de l'État un des leaders républicains les plus populaires. Réélu en janvier 1998, il a été contraint à démissionner à la suite d'une condamnation pour fraude fiscale.

métal ou de papier. La monnaie est le résultat d'une décision collective; il en va de même de l'argent électronique. Qu'il s'agisse de monnaie papier, de monnaie scripturale ou d'argent électronique, c'est fondamentalement la même chose.

Les nouvelles technologies n'ont pas été inventées pour favoriser la spéculation, elles pourraient tout aussi bien être mises au service des hommes, les aider à mieux gérer leur existence en leur fournissant des informations en temps réel.

Le problème vient davantage des paradis fiscaux. La tendance actuelle est à la prolifération de ces centres défiscalisés...

Ces centres sont très concentrés géographiquement.

Prenons l'accord commercial avec la Chine voté par le Congrès en novembre 1999. Si tout se déroule comme le souhaitent les États-Unis, il aboutira à la prise de contrôle des marchés financiers chinois, des banques chinoises, des sociétés d'investissement chinoises, etc., par les établissements financiers américains. C'est le but. C'est ce qui s'est produit en Corée du Sud quand les États-Unis ont obligé ce pays à ouvrir son marché. Naturellement, il y a eu un krach, et maintenant les établissements financiers américains sont en train de prendre le contrôle des banques sud-coréennes.

Revenons à cette question des flux de capitaux. Selon vous, comment l'argent est-il distribué ?

Tous les jours, environ deux milliards de dollars se déplacent électroniquement. Ils ne créent pas de nouveaux actifs, mais changent simplement de propriétaires.

L'écrasante majorité de ces capitaux finance des prises de contrôle. Une fraction va aux investissements directs à l'étranger, une autre sert à créer quelque chose de nouveau – par exemple, lorsque Volkswagen construit une usine au Brésil. Mais beaucoup d'investissements à l'étranger ne sont que des prises de contrôle. La privatisation n'est autre que la passation des actifs d'une entreprise publique à une entreprise privée ou une multinationale étrangère. En général, ces actifs sont cédés parce qu'il y a de la corruption. Et c'est le même processus du Mexique jusqu'à la Russie.

L'ampleur de ces différents types de mouvements de capitaux est mal connue, la plupart des pays ne diffusant pas de chiffres précis...

En revanche, le Département américain du commerce publie des données détaillées sur ce qu'il appelle les « investissements directs à l'étranger ». J'ai suivi les chiffres pendant deux ou trois ans, vers le milieu des années 90, à l'époque des « nouveaux marchés émergents »[1]. J'ai pu constater que dans l'hémisphère occidental (Canada non compris), à cette époque de grande euphorie autour des marchés émergents, environ 25 % des investissements directs à l'étranger allaient aux Bermudes, environ 10 % aux îles Vierges britanniques et 10 % au Panama. Ainsi, environ la moitié des sommes consa-

1. On parle de « marchés émergents » pour qualifier les pays qui connaissent une forte croissance de leur économie et un fort potentiel de développement, mais qui n'appartiennent pas encore au cercle des pays industrialisés les plus riches du monde. C'est le cas notamment de l'Argentine, du Brésil, de la Corée du Sud et de Singapour.

crées aux investissements va dans des paradis fiscaux, et il est probable qu'une petite partie provienne, illégalement, de l'argent de la drogue.

Les paradis fiscaux n'existent que parce que les pays riches le veulent bien. Et s'ils le veulent bien, c'est pour que les grandes entreprises puissent, en toute impunité, voler les citoyens. Tel est le rôle de l'État : faire en sorte que les riches deviennent encore plus riches.

Donc, si ces entreprises peuvent voler les citoyens en ayant des sièges *off-shore* et en ne payant pas d'impôts, pourquoi diable les en empêcher ?

Comment peut-on lutter contre ce phénomène ?

Il suffirait que les États-Unis disent aux îles Caïmans ou aux îles Vierges que ce petit jeu-là est fini. Soyons sérieux, s'ils veulent y mettre fin, ils le peuvent à l'instant même !

Voyez, dans un autre domaine, ce qui s'est passé avec l'Indonésie. Les États-Unis et la Grande-Bretagne soutenaient à fond ce pays. Durant toute l'année 1999, alors que le Timor oriental[1] était le théâtre des pires atrocités – encore pires qu'au Kosovo –, les États-Unis et la Grande-Bretagne ont refusé de bouger.

1. Colonie portugaise à partir de 1642, le Timor oriental a obtenu son indépendance en novembre 1975, mais l'archipel a été envahi puis annexé par son puissant voisin, l'Indonésie, en juillet 1976. La dureté de l'occupation indonésienne n'a pas affaibli la détermination des indépendantistes, qui ont obtenu l'organisation d'un référendum sous l'égide de l'Onu, le 30 août 1999. Soixante dix-huit et demi pour cent des électeurs ont voté pour l'indépendance, dans un climat de tension extrême. L'Onu installera une administration provisoire pour protéger les populations.

Les paradis fiscaux n'existent que parce que les pays riches le veulent bien. Et s'ils le veulent bien c'est pour que les grandes entreprises puissent, en toute impunité, voler les citoyens.
Tel est le rôle de l'état : faire en sorte que les riches deviennent encore plus riches.

Finalement, en septembre 1999, alors que presque toute la population avait été chassée de chez elle et que le Timor oriental était en ruines, Clinton a subi de telles pressions, aux États-Unis et en Australie, qu'il a dû faire un geste. Il a désavoué les généraux de Djakarta. Quarante-huit heures plus tard, le gouvernement arrêtait les massacres et autorisait l'entrée d'une force multinationale.

Il suffirait aussi d'édicter une loi...

On n'a pas besoin de loi. Je crois en la loi, c'est une belle chose, mais elle ne vaut que si on la respecte. Or ces gens ne respectent pas le droit international. Quand elles ont bombardé le Kosovo, les forces de l'Otan se sont-elles inquiétées de ce qu'elles violaient la charte des Nations unies ? Non.

Ne sous-estimez-vous pas le pouvoir des juges dans la lutte contre la corruption ?

Sans soutien extérieur, ils n'ont aucun pouvoir. Le gouvernement leur serre la bride pour une raison très simple : ni les grandes entreprises ni les États ne veulent d'enquêtes judiciaires.

Les entreprises font plus de victimes que la délinquance sur la voie publique. Pourtant, elles ne sont quasiment jamais poursuivies. En 1988 s'est déroulé un procès tout à fait exceptionnel. Deux des plus grandes compagnies pharmaceutiques américaines, Lilly et Smithkline, ont été accusées d'avoir causé la mort de 80 personnes parce qu'elles avaient mis sur le marché des médicaments accompagnés de notices trompeuses. Elles ont été condamnées à 80000 dollars pour la mort de ces 80 personnes. Mais si quelqu'un tue 80 personnes dans la rue, c'est le couloir de la mort, direct.

En Italie, par exemple, où la corruption était généralisée, une opération comme *Mani Pulite* a changé la donne. L'indépendance de la justice permet aux juges de ralentir ce processus…

Mais il y a un hic. Si les juges essaient d'agir de leur propre chef, l'État les arrête aussitôt. Les juges ne peuvent rien entreprendre de leur propre initiative.

Aux États-Unis, quand les procureurs – qui remplissent le même rôle que les juges en Europe – ont commencé à enquêter sur l'argent de la drogue qui affluait dans les banques de Floride, le vice-président George Bush, qui était alors responsable de la lutte contre la drogue, les a aussitôt arrêtés dans leur action. Comme l'opinion publique ignorait tout de cette affaire, elle n'a pu faire pression.

Pourtant, vu d'Europe, on a l'impression que votre système judiciaire est efficace…

Les crimes commis par les entreprises sont-il punis ? Non. Pourtant cette criminalité fait bien plus de victimes que la criminalité ordinaire, tous les juristes et les criminologues vous le diront. C'est tout aussi vrai en Angleterre. J'ai écrit par exemple une introduction au livre d'un juriste britannique, Gary Slapper, *Blood in the Bank*[1], sur les crimes et délits des entreprises en Angleterre.

---

1. Ashgate, 1999.

Deux des plus grandes compagnies pharmaceutiques américaines, Lilly et Smith Kline, ont été accusées d'avoir causé la mort de 80 personnes parce qu'elles avaient mis sur le marché des médicaments accompagnés de notices trompeuses. Elles ont été condamnées à 80.000 dollars pour la mort de 80 personnes. Mais si quelqu'un tue 80 personnes dans la rue, c'est le couloir de la mort, direct.

L'appareil juridique existe, la justice fonctionne, mais on ne peut pas l'utiliser contre les puissants, à moins que ne s'exercent de très fortes pressions.

Laissez-moi vous donner un exemple particulièrement frappant. Dans les années 50, le gouvernement des États-Unis a lancé l'un des plus vastes programmes d'ingénierie sociale de tous les temps. Il s'agit du démantèlement des réseaux de transports publics au profit de la route et des avions. Jusqu'alors, nous avions un système de transport ferroviaire très efficace. Ainsi, dans les années 40, Los Angeles disposait d'un réseau électrifié extrêmement performant et non polluant. Il a été racheté par trois compagnies : General Motors, Firestone Rubber Company et Standard Oil. Ensemble, elles l'ont démantelé pour privilégier le transport routier – bus et voitures –, grâce auquel elles pouvaient se faire beaucoup d'argent. Inculpées d'entente illicite, elles ont été jugées et condamnées à une somme ridicule, de l'ordre de 5 000 dollars.

Puis, prenant pour prétexte les intérêts de la Défense nationale, le gouvernement américain est entré en scène et a construit un réseau d'autoroutes : ce sont toutes les grandes autoroutes qu'on voit aujourd'hui aux États-Unis. Simultanément, il a détruit le chemin de fer et construit des aéroports. Le résultat a été la création d'un système de transport fondé sur une logique industrielle au lieu d'une logique de service public.

Quelles en ont été les conséquences ?

Elles ont été immenses, à commencer par le dépérissement des centres-villes et le départ des habitants vers la périphérie.

Les villes n'ont plus de centre, les gens vivent en banlieue où il y a de grands centres commerciaux. Pour résumer, les gens vivent aujourd'hui dans les centres commerciaux.

Ce gigantesque programme d'ingénierie sociale, conçu pour l'enrichissement des constructeurs d'automobiles, des fabricants de pneus et des compagnies pétrolières a eu aussi un terrible impact sur la société, les modes de consommation, les relations interindividuelles. Il a entraîné l'isolement et l'éclatement des communautés. Quelqu'un a-t-il été poursuivi et condamné pour cela ? Non. Pourtant, les lois existent. Mais le fait est que très peu de gens sont conscients de tout cela[1].

À vous entendre, on a le sentiment qu'il s'agit de logiques inéluctables et implacables...

Tout d'abord, les gens doivent s'informer. C'est pourquoi je crois profondément à l'éducation populaire, par opposition aux médias, à l'école, à la culture intellectuelle dominante. Ensuite, il faut une mobilisation du genre de celle qui a fait reconnaître les Droits de l'homme, ou l'égalité entre hommes et femmes.

En Suisse, au début des années 90, l'élection d'un nouveau procureur dans le canton de Genève, Bernard Bertossa, favorable à la coopération judiciaire, ainsi que l'adoption d'une loi qui oblige les sociétés opérant les transferts d'argent à identifier les sociétés *off-shore* ont annoncé un virage...

---

1. Voir Richard DuBoff, *Accumulation and Power,* ME Sharpe, 1989 ; et aussi *World Orders Old and New*, chapitre II.

Pour résumer, les gens vivent aujourd'hui dans les centres commerciaux.

Quand la pression populaire s'exerce, il peut se passer des choses. Ce n'est pas une question d'appareil juridique, car la plupart des lois existent.

La Suisse est un cas à part; elle ne garantit même pas la liberté d'expression. Ainsi, la dernière fois que je m'y suis rendu, j'étais invité par la Ligue internationale des femmes pour la paix et la liberté, une grande ONG, à donner une conférence à l'Université de Genève. Environ deux semaines avant mon arrivée, je reçois un coup de téléphone de la présidente de la Ligue, qui m'apprend que la police suisse veut connaître le texte de ma conférence à l'avance, et qu'au moment de la prononcer il faudra que je m'en tienne exactement au texte écrit. Naturellement j'ai refusé, et la Ligue internationale des femmes aussi. Finalement la conférence s'est tenue au Centre européen de recherche nucléaire, de l'autre côté de la rue, qui est en territoire international.

Qui pourrait imaginer que, dans un pays civilisé, on ne puisse donner une conférence dans une université sans que la police lise d'abord votre texte? En Suisse, ce genre de chose peut arriver.

En réalité, la Suisse n'a pas vraiment de gouvernement, elle est dirigée par les banques. Le gouvernement s'occupe de l'éducation, des routes, de toutes ces choses qui sont du ressort de la démocratie locale. En Suisse, un historien de la diplomatie ne peut pas travailler sur archives, car il n'existe pas d'archives nationales dignes de ce nom. Mais même dans un pays comme ça, quand l'opinion publique se réveille, les choses peuvent bouger.

Vous en revenez toujours au pouvoir des organisations de base…

C'est vrai, parce qu'elles arrivent parfois à obliger le gouvernement à ouvrir des enquêtes sur les entreprises.

Durant les années 60, elles étaient très mobilisées et ont obtenu des résultats non négligeables. Par exemple, le Congrès a commencé, ainsi que la loi l'y autorise, à se faire transmettre les archives d'une multinationale. Une série d'auditions très importantes a eu lieu. Il y a des volumes et des volumes de rapports sur les multinationales, rédigés par des commissions sénatoriales qui ont découvert des tas de choses.

Les pouvoirs publics ont les moyens de savoir ce que font les entreprises. Cédant à la pression populaire, ils ont, pendant une brève période, utilisé ce pouvoir que leur confère la loi. Et puis, plus rien.

Certains militants des années 60 (des défenseurs des droits civiques et des pacifistes) ont réussi à occuper des postes dans l'administration du Congrès et à pousser à l'adoption de lois obligeant l'exécutif à respecter certaines conditions en matière de Droits de l'homme. Jimmy Carter a tenté de s'y opposer, mais il a dû céder devant les pressions du Congrès, pressions qui ont souvent été initiées et organisées par ces militants.

Grâce à une plus grande prise de conscience de l'opinion, Ronald Reagan n'a pas eu les mêmes coudées franches que John Fitzgerald Kennedy[1], par exemple. Kennedy a pu tran-

1. Les Républicains soutiendront le démocrate John F. Kennedy (1917-1963) quand il décidera, en 1961, d'engager de façon décisive l'armée américaine au Sud-Vietnam.

Tout d'abord les gens doivent s'informer.
C'est pourquoi je crois profondément à l'éducation populaire, par opposition aux médias, à l'école, à la culture intellectuelle dominante. Quand la pression populaire s'exerce, il peut se passer des choses.

quillement envoyer l'armée de l'air américaine au Vietnam, mais Reagan n'a pu en faire autant au Nicaragua. Il a dû emprunter un chemin détourné. Ce genre de militantisme pourrait aussi se développer en Europe.

Les centres de pouvoir (suite)

Tout à l'heure, vous disiez que les grandes entreprises sont des systèmes tyranniques. Qu'entendez-vous par là ? Est-ce le résultat d'une évolution naturelle ou sont-elles, intrinsèquement, des systèmes tyranniques ?

Elles ont été conçues de cette manière. Il y a un siècle et demi, le capitalisme était essentiellement un capitalisme patrimonial. En Angleterre, il l'est resté assez longtemps. Aux États-Unis, il a lentement évolué tout au long du XIXe siècle. À la fin du siècle, il y a eu une grande récession, l'économie s'est effondrée. Le monde des affaires a compris qu'il fallait réglementer les marchés. Karl Polanyi a écrit un livre célèbre sur cette évolution générale, *La Grande transformation.* Les entreprises ont formé des trusts, opéré des fusions, préférant évidemment réglementer elles-mêmes les marchés. À ce stade, elles n'avaient aucune assise légale.

Ainsi, aux États-Unis, une municipalité pouvait se constituer en entreprise. Par exemple, plusieurs personnes pouvaient s'associer pour construire un pont, obtenir l'autorisation des pouvoirs publics et créer une société à responsabilité limitée. Et peu à peu au cours du XIXe siècle, ces entités ont obtenu des pouvoirs élargis de la part des tribunaux.

C'est ce qui a conduit à la naissance de l'entreprise moderne, qui n'a reçu un statut juridique qu'au début du XXe siècle, grâce à des décisions de justice. C'est à cette époque que la Cour suprême des États-Unis a garanti à ces entités les mêmes droits qu'aux personnes. Cette pratique découlait en grande partie de la philosophie allemande, des théories néo-hégéliennes sur les entités organiques – théories qui ont, en effet, inspiré divers systèmes totalitaires.

En 1889, l'État du New Jersey a décidé d'affranchir les entreprises des obligations découlant de la charte qui les régissait. Elles se sont, dès lors, trouvées libres de faire ce qu'elles voulaient. Bien sûr, toutes les entreprises sont aussitôt venues s'installer dans le New Jersey.

Depuis New York, il n'y avait qu'à traverser la rivière. L'État de New York a pris peur et a, à son tour, assoupli les règles encadrant le fonctionnement des entreprises.

La logique de déréglementation s'est imposée aux États ?

C'est exactement ce qui se passe en ce moment en matière de normes sociales et de respect de l'environnement. Quand un pays abroge certaines lois, les autres doivent suivre. Et si le capital est mobile, alors tout peut s'effondrer du jour au lendemain. C'est ce qui se produit depuis une trentaine d'années. Au début du XXe siècle, les entreprises bénéficiaient des mêmes droits que les individus. Puis, peu à peu elles ont acquis de plus en plus de droits.

Dans les années 90, les nouveaux accords commerciaux ont à ce point étendu leurs droits que les entreprises sont désormais quasiment souveraines. Elles peuvent poursuivre un pays en justice. Ainsi, Monsanto peut accuser les pays européens qui limitent l'utilisation des OGM de spoliation, de vouloir la priver de ses profits… L'une des principales « raisons d'être » de ces accords commerciaux est d'accroître les droits de ces organisations tyranniques, déjà élevées au rang d'entités immortelles. À présent, celles-ci disposent de droits nationaux qui dépassent de loin les droits des personnes.

Pouvez-vous nous en donner des exemples concrets ?

Prenons le cas d'Ethyl Corporation. Cette compagnie a été créée en 1922 par General Motors-Dupont et la Standard Oil du New Jersey pour commercialiser un additif à l'essence, le tétraéthylène de plomb. Les compagnies mères savaient dès le départ que c'était un produit toxique, qu'il avait même causé la mort de certains de leurs ouvriers. Mais pendant cinquante ans, elles ont réussi à passer au travers des lois et ont tué des milliers de gens en leur vendant de l'essence au plomb. En 1972, le gouvernement a fini par l'interdire. Ça a été le début de lois plus strictes en matière de protection de l'environnement. Très vite, on a observé une baisse des taux de plomb chez les enfants. Ethyl a alors écoulé son essence au plomb en Europe, et depuis que l'Europe l'a aussi interdite, elle la vend aux pays du tiers-monde.

Entre-temps, Ethyl a mis au point de nouveaux additifs. L'un d'eux est soupçonné d'avoir des propriétés cancérigènes. Il a été interdit par l'État de Californie et fait l'objet d'une réglementation fédérale aux États-Unis. L'année dernière, le Canada a voulu légiférer sur ce sujet. Ethyl a porté plainte pour spoliation : en limitant la commercialisation de ce produit, le Canada portait atteinte à ses profits. Ces affaires ne vont pas devant les tribunaux. L'organisation du commerce est ainsi faite qu'elles sont examinées à huis clos par des commissions d'experts. Finalement, le Canada a préféré renoncer à légiférer.

Donc, si vous êtes assez gros et assez puissant, vous n'avez pas à vous soucier des lois. En l'occurrence, il ne s'agit même pas de lois mais d'accords passés entre les États à l'insu des citoyens. Il est piquant de constater qu'on appelle ça des accords, alors que les gens y sont presque toujours hostiles.

Ils sont négociés en secret, parce que les États savent que les gens seraient contre. Les accords commerciaux ont pour effet d'accroître les droits et les privilèges des investisseurs, des grandes multinationales. C'est une atteinte directe à la souveraineté du peuple et à la démocratie.

Selon vous, la logique de l'État ne diffère pas de la logique de l'entreprise ?

Pas vraiment. Regardez qui dirige les démocraties occidentales…

Que faites-vous de la participation ? C'est tout de même une des bases de la démocratie…

Jusqu'à un certain point, mais elle est limitée et varie d'un pays à l'autre. En Europe, par exemple, il y a des partis travaillistes représentés au Parlement et des syndicats, même si certains aimeraient les voir disparaître.

Les États-Unis ont une bonne longueur d'avance dans l'entreprise de destruction de ce qu'on peut encore appeler « démocratie ». Les syndicats n'y ont jamais pesé d'un poids très lourd. Il n'y a jamais eu de parti travailliste au Congrès ou au Sénat, les démocrates étant censés représenter l'électorat ouvrier.

Mais depuis une bonne vingtaine d'années, on assiste à une puissante contre-offensive des entreprises. Au lendemain de la Seconde Guerre mondiale, l'opinion américaine était assez radicale et très attachée aux valeurs sociales. Pris d'inquiétude, le monde des affaires s'est lancé dans une vaste campagne de propagande. Comme vous le savez, les relations publiques constituent une formidable industrie. Le monde des affaires est donc allé dans les écoles, les églises et les organisations sportives, afin d'endoctriner les gens et de les convaincre des bienfaits du capitalisme, au point que c'est devenu leur unique *credo.*

Les syndicats ont fait l'objet d'attaques frontales. Par exemple, ce fameux film, *Sur les quais*[1], montrant la corruption dans les syndicats. Même si celle-ci existe, un syndicat ne se résume pas à cela. Mais il fallait convaincre les ouvriers que le syndicat est leur ennemi, et faire croire au reste du pays que les syndicalistes ne sont que des mafieux et des racketteurs.

Au même moment est sorti un autre film sur les syndicats, *Le Sel de la terre* : un film bien fait, de qualité artistique bien supérieure à *Sur les quais* et montrant ce qu'étaient en vérité la vie et le combat des ouvriers. Il a été projeté dans quelques cinémas d'art et essai et n'a eu aucun retentissement. Il ne

1. Dans *Sur les quais* (*On the Waterfront*, 1954), Elia Kazan montre l'affrontement entre Terry Malloy (Marlon Brando) et le syndicat des dockers. L'organisation syndicale, loin de défendre les droits des travailleurs du port de New York, se livrait à des activités criminelles.

véhiculait pas le message attendu du «brave petit gars» (Marlon Brando) qui décide de défendre ses droits et vient à bout du syndicat corrompu. C'est assez typique. On peut trouver quelques bonnes études sur le sujet.

De la même façon, on assiste à une attaque en règle contre l'État. On veut persuader les gens que l'État est leur ennemi, que lorsqu'ils payent des impôts l'État les vole. Dans une vraie société démocratique, payer des impôts est une façon de se déterminer librement, de mener à bien un projet commun. Mais ce n'est pas ainsi qu'il faut penser, et une énorme machine de propagande vous fait justement croire tout le contraire.

Si l'on suit votre raisonnement, l'État devrait disparaître…

Bien sûr, il faut nuancer le propos : les puissants ont besoin de l'État, d'abord pour contrôler le monde mais aussi pour faire en sorte que les coûts et les risques soient assumés collectivement. L'un des principaux artifices utilisés pour y parvenir n'est autre que la «Défense nationale». Vous faites peur aux gens : «Attention, les Russes arrivent, les Nicaraguayens débarquent!» Si les gens ont vraiment peur, ils accepteront de payer pour la Défense.

La Défense implique un État puissant qui non seulement peut intervenir à l'étranger pour maintenir l'ordre, mais peut aussi créer une économie. Donc vous avez un État puissant, mais cet État ne doit rien faire pour le peuple, car celui-ci doit croire que l'État lui nuit. On en arrive ainsi à cette situation extrême où les États-Unis sont le seul pays industrialisé à ne pas avoir de système public d'assurance maladie.

Ne croyez-vous pas que votre explication s'applique davantage aux États-Unis qu'aux pays européens ?

L'Europe est plus attachée aux valeurs collectives et elle a connu la social-démocratie. Mais je la soupçonne d'être simplement un peu en retard.

Et si, au contraire, elle était en avance ?

Non, regardez les grandes tendances à l'œuvre en Europe. Les riches et les puissants n'ont d'yeux que pour l'économie mondiale conduite par les Américains et les Britanniques. Ils rêvent de les imiter et n'ont de cesse de démanteler le système social.

D'un autre côté, il y a Lionel Jospin, Tony Blair, Gerhard Schröder…

Dans la réalité, ils sont de droite.

Vous dites ça par provocation ?

Non. Tony Blair poursuit – tout comme le faisait Clinton, son idole – une politique conservatrice légèrement saupoudrée d'humanisme. Il continue d'affaiblir le Parti travailliste, il sape les syndicats, il réduit les dépenses sociales, il fait ami-ami avec le grand patronat, lui accorde des allègements fiscaux…

Tous veulent une économie mondiale déréglementée – cette arme extraordinaire contre les peuples et la démocratie – mais essaient de lui donner un visage humain. C'est ce qu'ils appellent la « Troisième voie »[1].

Vous ne faites pas de différence entre Lionel Jospin et Tony Blair ?

Si, il y en a. Les pays sont à des stades différents de cette même évolution, et les peuples sont également très différents. En France et en Allemagne, les gens sont attachés aux acquis sociaux. Les dirigeants essaient de les supprimer, mais ce n'est pas facile.

La Suède n'est-elle pas un bon contre-exemple ?

C'est un cas intéressant. Pendant les années 80, il y a eu une grande offensive patronale contre l'État-Providence. Or l'économie de ce petit pays repose en grande partie sur l'existence de multinationales qui, soit dit en passant, dépendent de l'armée. Si Ericsson fabrique des téléphones mobiles, c'est parce qu'il a accès à des technologies développées à des fins militaires.

C'est partout la même histoire. Ces multinationales disposaient donc de nombreux moyens de pression pour

1. La thématique de la « Troisième voie » a été développée dans le contexte de l'arrivée au pouvoir, quasi simultanément, de leaders de centre-gauche en Europe : Tony Blair, Gerhard Schröder, Lionel Jospin et Massimo D'Alema. La « Troisième voie » définit une politique centriste entre la gauche traditionnelle et le néolibéralisme. Anthony Giddens, qui a publié en 1994 *Beyond Left and Right : the Future of Radical Politics*, est considéré comme l'idéologue de Tony Blair. Le *credo* des défenseurs de la « Troisième voie » est que s'il n'existe pas d'alternative à l'économie de marché, il ne s'agit pas pour autant de remettre en cause les valeurs de la gauche.

La mondialisation n'est pas un phénomène naturel, c'est un phénomène politique conçu pour atteindre des objectifs précis.

abattre le système social suédois, comme par exemple la menace de délocaliser leur production : de conserver les activités à faible valeur ajoutée en Suède, et de délocaliser les autres. Naturellement, cela a considérablement affaibli le système suédois.

Pas autant qu'aux États-Unis et en Grande-Bretagne !

Non, mais de façon notable. La même chose arrivera en France. C'est la mondialisation. Ce n'est pas un phénomène naturel, c'est un phénomène politique conçu pour atteindre des objectifs précis.

Les marchés obéissent à des règles qui doivent peu au hasard. La façon dont la mondialisation se met en place a pour objectif, et pour conséquence, de rapprocher la planète du modèle américain.

Donc, la mondialisation serait une invention délibérée du monde des affaires et de l'industrie ?

La mondialisation est une très bonne chose. Grâce à elle, nous pouvons, vous et moi, être en ce moment en Italie : c'est une sorte de mondialisation démocratique. Même les investissements étrangers peuvent parfois engendrer des effets bénéfiques. La question est de savoir comment cette mondialisation est élaborée. Les règles mises en œuvre sont en fait édictées par le secteur privé et par l'État, qui entretiennent des liens très étroits. Et elles poursuivent les mêmes buts.

Bill Clinton et Tony Blair, tout comme les dirigeants des grandes entreprises, sont tous du même bord. Ils ne le clament pas, peut-être même ne le pensent-ils pas, mais en fait ils sont contre la démocratie, contre l'intérêt général.

Les années Clinton sont quand même censées représenter, pour les États-Unis, une époque de croissance et d'opulence...

En réalité, pour la majorité de la population, les salaires et les revenus sont à peu près ceux d'il y a vingt ans. Les inégalités n'ont jamais été aussi grandes depuis la fin de la Seconde Guerre mondiale, les services sociaux sont réduits à la portion congrue, la durée du travail ne cesse de s'allonger...

Mais les milieux financiers se portent comme un charme, et certains secteurs de la population vont bien, comme moi, par exemple. Il se trouve que j'appartiens à une couche sociale qui gagne énormément d'argent grâce à la nouvelle économie. Une couche sociale tout en haut de l'échelle.

En fait, si l'on regarde de plus près les statistiques, on s'aperçoit que la croissance sous Clinton a été, pour une grande partie de la population, l'une des plus faibles depuis la guerre.

Pourtant, il y a eu une très forte augmentation du Produit intérieur brut aux États-Unis...

En soi, la taille d'une économie ne signifie pas grand-chose. Il faut considérer la richesse par habitant.

La population américaine continue d'augmenter, aussi la croissance économique est-elle plus forte qu'en Europe. Mais cela ne veut rien dire. Si vous considérez le PIB par habitant au cours de la dernière phase du cycle économique, vous verrez que l'Europe est à peu près au même niveau que les États-Unis.

Quand on prend en compte la croissance démographique (bien plus élevée aux États-Unis qu'en Europe ou au Japon), on s'aperçoit que le Produit intérieur brut *per capita* aux États-Unis, depuis le dernier haut de cycle économique entre 1989 et 1999, est approximativement identique à celui du Japon et de l'Union européenne durant la même décennie. Ces dernières années, le taux de croissance *per capita* est plus élevé aux États-Unis, mais sur une durée aussi courte les chiffres ne sont pas significatifs.

Aux États-Unis même, il y a eu une progression, mais plus lente que par le passé. De 1950 à 1970, avant la déréglementation des capitaux financiers, la croissance du monde industrialisé était bien plus élevée. Les économistes qualifient cette période d'« âge d'or », et celle écoulée depuis 1970 d'« âge de plomb » (*leaden age*). La croissance s'est ralentie, les salaires stagnent ou baissent, les heures travaillées augmentent.

Ne faudrait-il pas parler plutôt d'une croissance à plusieurs vitesses ?

Effectivement. Entre 1991 et 1998, les 1 % des Américains les plus riches s'en sont très bien tirés. Les 0,5 % les plus riches ont fait encore mieux, et les 10 % les plus riches se sont bien débrouillés. Mais les 10 % suivants – de 80 % à 90 % – ont vu leurs revenus et leur patrimoine diminuer en valeur nette jusqu'en 1998, selon les derniers chiffres disponibles. Et les suivants se sont encore plus appauvris.

Pendant ce temps-là, l'endettement des ménages n'a jamais été aussi élevé. Dans beaucoup de secteurs, la dette est en fait supérieure aux recettes et bat des records historiques.

Quarante-cinq millions de personnes n'ont pas d'assurance maladie, et leur nombre ne cesse d'augmenter. La pauvreté est beaucoup plus grande que dans le reste du monde industrialisé, et elle touche davantage d'enfants. C'est un scandale! Les États-Unis sont le pays le plus riche du monde, ils jouissent d'avantages incroyables, possèdent de fabuleuses ressources et n'ont pas d'ennemi. Depuis 1812, leur territoire national n'a pas été attaqué[1]. L'Allemagne a déclaré la guerre aux États-Unis mais ne l'a pas menée sur leur territoire, le Japon a bombardé des colonies américaines, Hawaï et les Philippines...

Les États-Unis devraient être, et de très loin, le pays le plus riche et le plus prospère du monde. Or les salaires y sont inférieurs à ce qu'ils sont en Europe, et la durée du temps de travail y est la plus longue de tout le monde industrialisé. Elle vient de dépasser celle du Japon. C'est le seul pays où il n'existe pas de congés payés obligatoires.

Pensez-vous que la création du marché unique européen et de la monnaie unique puisse changer la donne et représenter un danger pour la suprématie américaine?

---

1. Le 18 juin 1812, le Président américain James Madison déclarait la guerre à la Grande-Bretagne au nom de la défense du principe de la liberté des mers. Les affrontements eurent lieu en mer et dans la région des Grands lacs. Les Anglais brûlèrent Washington et Baltimore, mais leur échec à la Nouvelle-Orléans les obligea à signer la paix en 1814.
Les entretiens se sont déroulés avant les attentats du 11 septembre 2001, contre le World Trade Center et le Pentagone

Les États-Unis devraient être, et de très loin, le pays le plus riche et le plus prospère du monde. Or les salaires y sont inférieurs à ce qu'ils sont en Europe, et la durée du temps de travail y est la plus longue de tout le monde industrialisé. Elle vient de dépasser celle du Japon. C'est le seul pays où il n'existe pas de congés payés obligatoires.

Personne n'en sait trop rien, me semble-t-il. Les économistes et les dirigeants d'entreprises sont partagés.

Le danger pour les entreprises américaines, c'est que la monnaie européenne fasse réellement concurrence au dollar. Si les prix, comme ceux du pétrole, commencent à être exprimés en euros plutôt qu'en dollars, ce sera mauvais pour les États-Unis. Si la Chine décide d'avoir un panier de devises comprenant des yens, des dollars et des euros, ce ne sera pas bon pour les établissements financiers américains.

D'un autre côté, il y a un domaine dans lequel les États-Unis ont toujours été favorables à l'Union européenne : les entreprises américaines sont beaucoup plus grosses que les entreprises européennes, elles ont un vaste marché intérieur, ce qui leur permet de faire des économies d'échelle[1] et donc d'avoir un fonctionnement plus efficace. Elles sont si grosses qu'elles pensent pouvoir rester maîtresses du jeu.

Les sentiments sont donc partagés. C'était déjà vrai au lendemain de la Deuxième Guerre mondiale. Les États-Unis plaçaient leurs espoirs dans une Europe unie et, parallèlement, luttaient contre. À mon avis, c'est l'une des raisons pour lesquelles les États-Unis ont opté pour une opération militaire de l'Otan dans les Balkans, plutôt que pour une opération diplomatique qui avait des chances de réussir. En tout cas, rien ne permet d'affirmer qu'elle aurait échoué. Mais si une opération est militaire, elle doit être dirigée par les États-Unis.

1. Une entreprise obtient des économies d'échelle quand elle parvient à réduire le coût unitaire de chaque bien fabriqué grâce à l'augmentation des quantités produites.

C'est justement à cela que la France s'oppose…

Il existe une alternative, à savoir que l'Europe – de l'Atlantique à l'Oural, plus ou moins – devienne une actrice de plein droit dans les affaires internationales. Les États-Unis rejettent cette perspective, considérant que l'Europe doit rester sous le parapluie de l'Otan, c'est-à-dire sous domination américaine. Ils préfèrent que les conflits se règlent par la force, parce que c'est là qu'ils sont les meilleurs. C'est la même chose pour l'Angleterre : ce n'est plus une puissance économique mondiale, mais elle vient en second sur le plan militaire, derrière les États-Unis. Cela permet d'expliquer pourquoi les États-Unis et l'Angleterre continuent de bombarder l'Irak, même si le reste du monde les désapprouve. Ils préfèrent recourir à la force militaire, ce qui est logique car c'est là qu'ils sont les plus forts.

En matière militaire, les États-Unis détiennent la suprématie. En matière économique aussi, mais pas tout à fait. Dans bien des domaines, l'Amérique du Nord, l'Europe et l'Asie de l'Est et du Sud-Est sont plus ou moins à égalité, même si les États-Unis dépassent de loin n'importe quel pays pris séparément.

Depuis la Deuxième Guerre mondiale, le monde se trouve dans une situation inédite, économiquement parlant. En 1945, les États-Unis détenaient la moitié de la richesse mondiale – ce qui n'était jamais arrivé auparavant. Ils bénéficiaient d'une suprématie militaire incontestée et n'étaient l'objet d'aucune menace extérieure dans l'hémisphère occidental. Ils ne contrôlaient pas toute la planète, mais n'en avaient jamais été aussi près. Aujourd'hui, bien que la situation soit devenue plus compliquée depuis la reconstruction de l'Europe et du Japon, ils contrôlent encore 25 % de la richesse mondiale et conservent une écrasante suprématie militaire.

Si l'Europe était vraiment unie, elle serait *grosso modo* à égalité avec les États-Unis : elle a une population plus importante, une industrie aussi forte et un meilleur niveau d'instruction. C'est pourquoi les États-Unis ont des sentiments ambivalents vis-à-vis de l'Europe. C'est peut-être la raison pour laquelle l'Angleterre, qui aujourd'hui n'est plus qu'une filiale des États-Unis, aide les Américains à empêcher l'Europe de s'unir.

Vous croyez donc peu à la perspective d'une Europe unie ?

L'Union européenne est construite de manière à limiter la participation populaire. Il y a même une chose qui a considérablement surpris la droite américaine, c'est la totale indépendance que l'Union européenne à accordée à la Banque centrale européenne (BCE). Or cette banque est chargée de mettre en œuvre certaines politiques, comme la réduction de l'inflation. Les investisseurs ne veulent surtout pas entendre parler d'inflation, c'est pourquoi la BCE veut la réduire. Mais une politique anti-inflationniste freine la croissance et entraîne une baisse du niveau de vie.

L'Union européenne est ainsi faite que les citoyens n'ont quasiment pas leur mot à dire. Cela va si loin que la plus grande revue de politique internationale, le principal journal de l'*establishment* aux États-Unis, publié par le Conseil des relations étrangères, *Foreign Affairs*, a sévèrement critiqué l'Union européenne, la traitant de réactionnaire pour avoir donné un pouvoir sans précédent à une banque centrale, qui n'est responsable devant personne. Aux États-Unis, la *Federal Reserve* est relativement indépendante, mais pas à ce point. Ça fait partie du système européen. Les Européens, riches et puissants, sont tout aussi opposés à la participation populaire que leurs homologues américains.

Curieusement, les populations semblent s'en être accommodées. On a même inventé un nom pour ce phénomène général : le déficit démocratique. Il est bien réel. Le fédéralisme européen vise à réduire la participation démocratique. Il y a un Parlement européen, mais il n'a pas beaucoup d'autorité. J'imagine que c'est une des raisons qui expliquent la montée actuelle du régionalisme. Cet accent nouveau mis sur l'identité culturelle des régions pourrait être une réaction à la centralisation antidémocratique de l'Union.

Le peuple n'est pas obligé de l'accepter, il peut inverser la tendance. Mais il faut d'abord en prendre conscience et s'organiser pour y réfléchir. La « Troisième voie » consiste, entre autres, à empêcher les gens de s'intéresser à ces questions : c'est une politique qui se pare d'une touche d'humanisme pour tromper l'électorat et l'empêcher de penser. La manière utilisée est suffisamment douce pour que les gens croient qu'on essaie en fait de les aider.

N'est-ce pas une interprétation spécifiquement américaine de la « Troisième voie » ?

Peut-être, mais je ne le pense pas. Ses dirigeants comptent sur les intellectuels inféodés pour lui donner belle allure. Il en a toujours été ainsi. Ce qui change, c'est que les gens résistent, luttent, s'opposent, et souvent l'emportent.

La démocratie

Êtes-vous d'accord avec le postulat qui veut que ce qu'on a trouvé de moins pire comme système, c'est la démocratie ?

C'est le meilleur système, pas le moins pire. On attribue au Mahatma Gandhi, un jour qu'on lui demandait ce qu'il pensait de la civilisation occidentale, cette célèbre formule : *« C'est peut-être une bonne idée, vous devriez essayer de la créer... »* On pourrait en dire autant de la démocratie. Comme la civilisation occidentale, elle existe mais n'a pas encore rempli toutes ses promesses.

Un combat se poursuit entre le peuple, qui essaie d'étendre la démocratie, et l'élite, qui s'efforce de la restreindre. La montée en puissance des entreprises et les accords commerciaux sont des tentatives pour restreindre la démocratie.

Si la démocratie est le meilleur système...

Tout dépend de ce qu'on entend par démocratie. Il y a une théorie quasi officielle – plus répandue aux États-Unis – selon laquelle la démocratie est un système dans lequel les gens sont des spectateurs, et non des acteurs. À intervalles

La montée en puissance des entreprises et les accords commerciaux sont des tentatives pour restreindre la démocratie.

réguliers, ils ont le droit de mettre un bulletin dans l'urne, de choisir quelqu'un dans la classe des chefs pour les diriger. Puis, ils sont censés rentrer chez eux et vaquer à leurs affaires, consommer, regarder la télévision, faire la cuisine, mais surtout ne pas déranger. C'est la démocratie.

Quand ça casse, la réaction est intéressante. Par exemple, est-ce qu'en Europe on a discuté de la première étude publiée en 1975 par la Commission trilatérale et intitulée *La Crise de la démocratie* ? Aux États-Unis, ce genre d'étude déclenche des réactions beaucoup plus vives qu'en Europe, me semble-t-il.

L'Europe serait trop passive, selon vous ?

L'Europe s'imagine qu'elle a des intellectuels engagés, mais la réalité est bien différente, à quelques exceptions près. Quand il y a eu des progrès, ils sont venus non pas des intellectuels, mais d'abord et surtout des forces populaires, et bien souvent des organisations de la classe ouvrière.

Ainsi, dans les années 60, il y a eu un grand mouvement de contestation un peu partout dans le monde : en Europe, aux États-Unis, au Japon... Les élites libérales (au sens américain du terme) et les élites sociales-démocrates se sont alarmées. C'est sur cette toile de fond qu'est née la Commission trilatérale, dont les membres sont recrutés parmi ces élites. On y trouvait de grands dirigeants d'entreprise, des responsables politiques et des intellectuels aussi bien américains, européens que japonais. Ils se reconnaissaient dans un libéralisme internationaliste, un peu comme les adeptes de la « Troisième voie ». Les membres de l'administration Carter, par exemple, venaient presque tous des rangs de la Trilatérale, y compris Carter lui-même. Peu après sa création, à l'initiative de David Rockefeller, cette organisation a publié un livre important, *La Crise de la démocratie*, reprenant les actes d'une conférence de la Trilatérale. Le rapporteur français était Michel Crozier ; l'Américain, Samuel Huntington ; et le Japonais, Joji Watanuki. Selon eux, il y avait « crise de la démocratie » parce que dans les années 60, les citoyens des pays représentés dans la Trilatérale avaient tenté d'entrer dans l'arène publique. Les couches de la population censées demeurer apathiques – les femmes, les jeunes, les minorités, la population toute entière – avaient voulu intervenir dans le débat politique sur la base de leur propre programme.

Si vous êtes naïf, vous croyez que c'est justement cela, la démocratie. Mais si vous êtes un tant soit peu lucide, vous savez qu'il s'agit d'une crise de la démocratie. C'est ce qu'ils appellent un « excès de démocratie ». Pour surmonter la crise, ils ont appelé à une plus grande modération de la démocratie. La vraie démocratie ne pouvait revenir qu'à condition que les citoyens redeviennent passifs et apathiques.

Le rapporteur américain, Huntington, a eu ce commentaire passablement nostalgique : *« Truman*[1] *a pu gouverner le pays avec l'aide d'une poignée d'avocats et de banquiers de Wall Street. »* Ils étaient particulièrement inquiets de l'échec des institutions chargées de « l'endoctrinement des jeunes » : l'école, l'université, les églises ne faisaient pas leur travail. Elles ne leur inculquaient pas la passivité.

À vrai dire, c'est à ce moment-là qu'a commencé l'assaut contre la démocratie sous la forme du néo-libéralisme, avec

---

1. Le démocrate Harry Truman est devenu Président des États-Unis à la mort de Franklin Roosevelt, en avril 1945. Réélu à l'élection présidentielle de 1949, il a achevé son mandat en 1953.

le transfert du pouvoir aux grandes entreprises, le démantèlement de l'État-Providence… Le tout a été accompagné d'une intense propagande. Bien entendu, ce n'est pas la Trilatérale qui a décidé de cet assaut. Sa réaction n'était qu'une manifestation parmi d'autres des inquiétudes qui y ont conduit. D'où leur coïncidence dans le temps.

Selon vous, les Américains ont-ils oublié les sources de la Constitution américaine? Le Premier amendement insiste beaucoup sur la liberté…

Le Premier amendement concerne la liberté d'expression et de religion[1]. Toutefois, la liberté d'expression, notamment, a pendant longtemps été entendue dans un sens relativement étroit. Mais, au cours du temps, les mécanismes de protection de la liberté d'expression ont été renforcés, si bien que dans les années 60, dans le contexte des luttes pour les droits civiques, ils ont atteint un niveau peut-être unique au monde. L'idéologie dominante est mieux rendue dans la Déclaration d'indépendance, qui évoque *« la vie, la liberté et la poursuite du bonheur »*. Mais cela n'a aucun statut constitutionnel. Ce sont juste de belles paroles.

En France, on a souvent privilégié une autre interprétation, celle qui met l'accent sur l'égalité.

En théorie, peut-être. Mais dans la pratique, la France est l'un des pays où les inégalités sont les plus criantes. C'est un incroyable mensonge.

1. Il s'agit de l'article premier du *Bill of Rights*.

Partons d'Aristote. Dans *La Politique*, il affirme que l'égalité est le fondement de la démocratie. Sans égalité, pas de démocratie. Ce principe valait, et encore, pour une fraction de la population, pour les hommes libres (mais pas les femmes) reconnus comme citoyens. Voilà pour Aristote, mais vous retrouvez cela tout au long de l'histoire.

Adam Smith pensait que dans des conditions de concurrence pure et parfaite, les marchés se caractériseraient par une parfaite égalité. Un courant important de la pensée classique est fondée sur l'hypothèse que l'égalité peut et doit être atteinte. Mais c'est pure illusion.

Le mouvement ouvrier américain constitue un cas intéressant, dans la mesure où il ne s'enracine dans aucune tradition classique. C'était au départ une organisation rassemblant les cordonniers irlandais de Boston, des jeunes filles de milieux ruraux travaillant dans les fabriques, etc. Au milieu du XIXe siècle, ils avaient leurs propres journaux. Pour eux, il allait de soi qu'il fallait rechercher l'égalité en s'unissant. Ils étaient contre le « nouvel esprit du temps », qui appelait à s'enrichir sans se préoccuper du sort des autres[1]. Ils trouvaient cela scandaleux. Il a fallu des centaines d'années pour convaincre les gens que, conformément à l'éthique du capitalisme, ils devaient s'enrichir et rompre avec l'égalitarisme. C'est la politique des élites.

On dit aussi que la démocratie, c'est le gouvernement du peuple par le peuple et pour le peuple...

1. Le mot d'ordre exact était : « Enrichissez-vous, en ne pensant qu'à vous-même » (« *Gain Wealth, forgetting all but Self* »).

Il faut s'ôter cette idée de la tête. Le gouvernement n'est ni du, ni par, ni pour le peuple. C'est ce qu'on nous inculque de toutes sortes de manières, par exemple avec des moyens aussi simples que les séries policières à la télévision. Je n'ai pas lu d'études là-dessus, mais j'ai l'impression qu'elles ont changé avec le temps. Les agents du FBI étaient autrefois des héros, ils arrêtaient les criminels. Aujourd'hui, c'est la police locale qui fait le bon boulot, et le FBI qui lui met des bâtons dans les roues, à cause de l'ingérence du gouvernement, comme pour les impôts. Seule la Défense nationale, qui nous protège des Soudanais et des Cubains et qui soutient notre économie, échappe à ce dénigrement.

Pourquoi l'armée bénéficie-t-elle de ce statut particulier ?

Pour une raison très simple : plus une société est libre, plus elle a recours à la peur et à la propagande.

Quand mes enfants allaient à l'école, on leur apprenait à se cacher sous les tables pour se préparer en vue du jour où les Russes lâcheraient des bombes atomiques. Il fallait vivre dans la peur.

Les États-Unis ont attaqué le Nicaragua quand, en 1985, le Président américain a décrété l'état d'urgence à cause de la menace que faisait peser ce pays sur notre existence. Et il y a deux ans, quand l'Union européenne a contesté l'embargo américain contre Cuba, les États-Unis ont déclaré que l'OMC n'était pas habilitée à intervenir dans une question touchant à leur sécurité nationale.

Les gens ont peur : ils ont peur des criminels, des trafiquants de drogue, des Noirs, des étrangers… Aux États-Unis, la peur du terrorisme est beaucoup plus grande qu'en Europe.

Plus une société est libre, plus elle a recours à la peur et à la propagande.

Dans les années 80, nous vivions dans la hantise du terrorisme arabe. Cela a beaucoup affecté l'industrie du tourisme, les Américains préférant renoncer à aller en Europe de crainte d'être victimes d'un attentat. Or, on est cent fois plus en sécurité en Europe que dans n'importe quelle ville américaine.

Une autre raison de préparer les esprits à la guerre est que cela terrifie. Des avions qui volent et lâchent des bombes sèment la panique. Alors vous cherchez quelqu'un pour vous en protéger. C'est une autre façon de maintenir les gens dans la sujétion. Et c'est encore plus efficace dans un pays libre.

Mais quand un gouvernement ne peut plus utiliser la force brute, il doit contrôler les esprits. C'est précisément la raison pour laquelle les industries de l'endoctrinement sont beaucoup plus sophistiquées aux États-Unis et en Grande-Bretagne que partout ailleurs.

Comment expliquez-vous la forte montée de l'abstentionnisme lors des élections[1] ?

Aux États-Unis, c'est une position délibérée de la part des citoyens. D'une part, l'éventail des choix politiques est moins grand qu'en Europe; d'autre part, depuis quelques années les gens commencent à avoir des doutes sur le système lui-même.

La société américaine est constamment sondée, essentiellement parce que le monde des affaires veut savoir ce que les

1. L'abstentionnisme s'accentue régulièrement aux États-Unis. Le taux de participation de 54,2 % aux élections présidentielles de 1996 était le plus bas depuis 1948. Ce désintérêt pour les grands rendez-vous électoraux est plus sensible parmi les jeunes.

gens pensent. On dispose donc d'énormes quantités de données sur l'état de l'opinion publique. Une question revient chaque année dans les sondages : « Selon vous, pour qui travaille le gouvernement ? » Généralement, environ la moitié de la population répond que le gouvernement est au service « des intérêts particuliers de quelques-uns, et non du peuple ».

Sous Ronald Reagan, ce pourcentage est monté jusqu'à 80 % ! Plus de 80 % des personnes interrogées pensaient que le gouvernement était une farce. À des questions comme : « Pensez-vous que le monde des affaires est trop influent ? », 80 % des sondés répondaient positivement.

La propagande n'est donc pas si efficace que cela ?

Tout l'art de la propagande consiste à donner aux gens le sentiment qu'ils sont impuissants, isolés, coupés les uns des autres. En fait, pour l'industrie de la publicité et de la propagande commerciale en général, le monde idéal serait un monde fondé sur deux éléments : d'abord la télévision, chacun devant son poste, coupé des autres, voire de sa famille ; ensuite, pour autant que cet idéal puisse être approché, que les gens ne constituent plus une menace pour les riches et les privilégiés, de sorte qu'il n'y ait pas de « crise de la démocratie » au sens où l'entendent les élites. Les gens ne s'occuperaient que de leur propre petite vie, des choses superficielles de l'existence, comme les objets de consommation à la mode. Ils seraient « spectateurs », et non « acteurs », dans l'élaboration de la politique à tous les échelons : local, sur les lieux de travail et au-delà.

Périodiquement, ils auraient le droit de confirmer les élites dans leur pouvoir, mais le reste du temps ils devraient laisser la conduite des affaires du monde à ceux qui s'autoproclament des « hommes responsables ». Soulignons-le une fois de plus : ce ne sont pas là les idées de groupes extrémistes, mais celles d'une large fraction des élites à travers tout l'échiquier politique.

Est-ce que la montée de l'extrême droite vous inquiète?

C'est, en effet, un danger. Aux États-Unis, cela se manifeste sous une autre forme, à savoir la montée du fondamentalisme chrétien.

Ce n'est pas exactement le même phénomène.

Non mais sociologiquement parlant, c'est similaire. J'y vois une réaction au sentiment d'impuissance, face à des choses que nous ne pouvons maîtriser. Elle revêt des formes différentes selon les pays. Le fascisme est né de ces frustrations : « Personne ne nous défend, on nous veut du mal, les Juifs, les Africains... Le gouvernement ne fait rien pour nous, nos valeurs sont menacées... » La droite a toujours su exploiter ce malaise.

Aux États-Unis, les milices paramilitaires fleurissent sur le même terreau. Timothy McVeigh, le type qui a fait exploser un bâtiment fédéral à Oklahoma City[1], est le genre d'indi-

---

1. Le 19 avril 1995, un bâtiment de l'administration fédérale explosait à Oklahoma City, faisant 168 morts. L'enquête a rapidement permis d'arrêter Timothy McVeigh, soldat modèle durant la guerre du Golfe et ancien membre du Ku Klux Klan, profondément raciste et anti-fédéraliste. Lors du procès, son avocat a plaidé le « crime politique ». McVeigh a été condamné à mort, et exécuté en 2001.

vidu qui, il y a soixante ans, aurait milité dans le Congress of Industrial Organizations[1] : « Vous perdez votre travail, vos enfants ne vous respectent pas, vous n'avez pas d'avenir… Il y a forcément un ennemi quelque part, on nous dit que c'est le gouvernement fédéral, alors… » Vous remarquerez que McVeigh ne s'en est pas pris au siège d'une grosse société. C'est parce qu'on n'arrête pas de seriner aux gens que c'est l'État qui les opprime. Il faut qu'ils en soient convaincus.

Est-ce que l'émergence, en Europe, de partis politiques comme les Verts vous semble une chose positive ?

Cela pourrait l'être, mais ce n'est pas aussi simple que cela. Prenez les nazis, eux aussi se souciaient de l'environnement. Il y avait un très fort courant écologiste au sein du national-socialisme. Le résultat n'a pas été des plus heureux.

La direction que prendront les Verts dépendra de la vigilance des citoyens.

Est-ce que vous croyez encore aux syndicats ?

En principe, oui. Les syndicats ont joué un rôle déterminant dans le développement de la démocratie, et c'est l'un

---

1. Le *Congress of Industrial Organizations* (CIO) est un syndicat américain né de la scission de l'*American Federation of Labor* (AFL), à la fin des années 30. Les grandes grèves de 1937, qui ont fait reculer des firmes puissantes comme General Motors, General Electric ou Firestone, ont provoqué de nombreuses adhésions. Ces deux grandes centrales syndicales se sont réunies en 1955, et ont obtenu pour les ouvriers américains de grands avantages (salaires les plus élevés du monde, congés, assurance maladie…). Aujourd'hui, l'AFL-CIO réunit treize millions d'adhérents.

La direction que prendront les Verts
dépendra de la vigilance des citoyens.

des rares lieux où les pauvres peuvent s'unir et agir collectivement. C'est d'ailleurs la raison pour laquelle l'establishment et les médias les ont en ligne de mire.

Comment se porte le syndicalisme aux États-Unis ?

Cela fait des années que les syndicats sont soumis à de constantes attaques. Leurs effectifs sont tombés très bas, jusqu'à moins de 15 % des salariés. Mais maintenant, on assiste à une stabilisation, voire à un redémarrage.

La notion de classe sociale est-elle, selon vous, toujours pertinente ?

Les sociétés ont évolué, mais ces concepts généraux gardent toujours la même acuité. Certes, les structures sociales et les structures de classe ont changé. Mais les intérêts particuliers de certains groupes, les relations de domination, les hiérarchies sociales, les hiérarchies dans la prise de décision demeurent. Et ils conduisent à des conflits de classe.

Donc, le marxisme serait toujours une théorie applicable ?

Précisons tout d'abord que tout ce qui porte le nom d'une personne est, à mes yeux, automatiquement suspect. Une doctrine qui s'appelle marxisme ou freudisme a toutes les chances d'être une religion. Parce qu'elle déifie la personne en question. Donc, dès le départ, on sent que quelque chose cloche.

Vous n'avez pas besoin d'Einstein pour qualifier la physique. Il n'y a pas d'« einsteinisme » en physique. Albert

Einstein était un être humain, pas un dieu. Il avait des idées, des bonnes et des mauvaises.

Quand vous sacralisez un individu, vous êtes dans le domaine de la religion organisée. Et de fait, c'est ce que le marxisme a été : une forme de religion dans laquelle Marx a été hissé au rang de divinité à laquelle il fallait vouer un culte. Et quand on décide d'en changer, comme cela s'est passé en France dans les années 70, alors on se rend coupable de profanation. Il n'en reste pas moins que Marx a dit des choses intéressantes sur la société du XIXe siècle, et bien d'autres choses de portée plus générale et plus durable. Il faut accepter ses idées quand elles sont valides, les modifier ou les prolonger quand c'est nécessaire, les mettre de côté lorsqu'elles se révèlent inexactes ou inapplicables. Comme celles de n'importe qui d'autre.

La révolution est-elle une notion qui vous intéresse ?

Les révolutions éclatent quand les dispositions d'esprit habituelles ont changé.

Il faudrait qu'il y ait une réelle volonté de saper la tyrannie des multinationales. Que cette volonté perdure et gagne en ampleur. Que les gens veuillent vraiment revenir au niveau de conscience du XIXe siècle. À cette époque, le peuple pensait que les ouvriers devraient posséder leurs moyens de production, que le travail salarié était une forme d'esclavage – d'ailleurs, l'ouvrier salarié n'était pas vraiment différent d'un esclave. C'était aussi ce que pensait le Parti républicain vers le milieu du XIXe siècle aux États-Unis. Il a fallu d'intenses campagnes de propagande pour que les gens se débarassent de ces idées.

Mais supposez qu'elles reviennent, et qu'un réel courant de la population se mobilise pour re-démocratiser la société, l'économie, les relations sociales, et contester ce pouvoir qui estime n'avoir de comptes à rendre à personne. Supposez que le mouvement s'amplifie et que les puissants se sentent obligés de résister par la violence. Alors vous entrez dans une situation révolutionnaire.

Vous définissez-vous toujours comme un anarchiste ?

L'anarchie recouvre beaucoup de choses différentes. Mais il y a un courant au sein de l'anarchie qui est l'héritage direct du libéralisme classique, qui s'efforce de défendre la liberté et la démocratie contre le capitalisme. Ces courants anarchistes s'efforcent de proposer des formes d'organisation susceptibles d'aider les gens à multiplier les fruits de la liberté.

Les anarchistes ont toujours été attachés à un principe fondamental : toute forme d'autorité, de hiérarchie, doit être remise en question et doit prouver son bien-fondé. Il n'y a pas d'auto-justification qui tienne. Cela vaut aussi bien pour les relations entre les parents et les enfants, les hommes et les femmes, dans le monde du travail ou entre les États. Il faut repérer toutes les formes d'autorité et les sommer de se justifier.

Certaines ont un bien-fondé. Ainsi, les relations entre une mère et son enfant sont de nature autoritaire. Mais toute forme d'autorité qui ne peut prouver son bien-fondé est illégitime, et on est en droit de la renverser. C'est vrai à tous les niveaux, des relations individuelles aux relations internationales. À mon avis, tel est l'apport essentiel de la pensée anarchiste. Il vient tout droit des luttes populaires, des Lumières.

Toute forme d'autorité, toute forme de hiérarchie, doit être remise en question et doit prouver son bien-fondé. Il n'y a pas d'auto-justification qui tienne.

Que pensez-vous de l'idée selon laquelle le système politique sert à ce qu'il n'y ait pas de guerre civile ?

Tout dépend s'il est souhaitable ou pas de prévenir une guerre civile. Si, en 1938, il y avait eu une guerre civile en Allemagne pour renverser Hitler…

Il faut donc y regarder de plus près. Si une guerre civile est une guerre populaire qui cherche à renverser l'autorité en place, c'est une bonne chose. Comme la plupart des luttes pour l'indépendance, la Révolution américaine était une guerre civile [1], avec deux camps plus ou moins à égalité. La France était d'un côté et l'Angleterre de l'autre. Etait-ce une bonne guerre civile? À bien des égards, certainement, mais pour les Indiens et les Noirs ce fut une terrible tragédie.

On ne peut donc pas généraliser. Parfois, le système politique agit de façon constructive, parfois de façon destructrice. Il n'y a pas de règle *a priori* dans ce domaine.

Si la situation devient insupportable, pourquoi le peuple ne se révolte-t-il pas? Est-ce parce qu'il est asservi, notamment par les médias ?

Les médias ne représentent qu'une toute petite partie de la vaste machine de propagande. Il existe un système d'endoctrinement et de contrôle beaucoup plus vaste, dont les médias ne sont qu'un rouage : l'école, l'intelligentsia, toute une panoplie d'institutions qui cherchent à influencer et à

1. La Révolution américaine dura de 1776 à 1783.

contrôler les opinions et les comportements, et dans une large mesure à maintenir les gens dans l'ignorance.

Souvent, les gens savent parfaitement à quoi s'en tenir, et pourtant ils ne se révoltent pas. Ainsi, quand les Américains interrogés par les instituts de sondage disent que l'État sert les intérêts particuliers de quelques-uns et non du peuple, ils ne répètent pas ce qu'on leur dit. On leur dit : « C'est votre gouvernement, il est libre », mais personne n'y croit. Et cela se vérifie dans toutes sortes de domaines.

Les médias sont un instrument au service des intérêts du secteur privé. La guerre du Vietnam en fournit une bonne illustration. C'est un thème majeur de la vie publique américaine. La plus violente critique que les intellectuels, la plupart de gauche, ont émis contre cette guerre, c'est qu'elle a été une erreur qui a coûté trop cher. Voilà ce que pensent les intellectuels, vous pouvez le lire et l'entendre partout.

Or depuis trente ans, il y a des sondages sur cette question. Le dernier date d'il y a quelques mois[1]. Durant presque toute cette période, on a constaté qu'environ 70 % des gens pensent que la guerre n'était pas une simple erreur, qu'elle était fondamentalement mauvaise et immorale. Rien de ce que vous lisez dans les médias ne vous permet d'aboutir à cette conclusion. Les gens y sont parvenus par eux-mêmes. Si cette question avait fait l'objet d'un réel débat, vous auriez eu 95 % de réponses dans ce sens. Il existe donc un énorme fossé entre ce que pense l'opinion publique et ce que veut faire croire la propagande des élites. Par conséquent, ce qui empêche les gens de se révolter, ce n'est pas qu'ils ne savent pas.

1. John Rielly, *American Public Opinion and US Foreign Policy*, University of Chicago, 1999.

On en revient à la même question : pourquoi ne se révoltent-ils pas ?

Ils ne se révoltent pas parce que cela coûte cher. Si vous prenez l'initiative de changer l'ordre des choses, vous risquez de le payer très cher.

Sans parler de révolution, si vous voulez créer un syndicat et que vous y arrivez, ce sera peut-être bon pour vos collègues de travail mais certainement pas pour vous. Vous serez l'objet de manœuvres d'intimidation, de harcèlement, voire pire. Pour agir, il faut être prêt à en payer le prix.

Prenez un intellectuel privilégié. Supposez qu'il rejoigne la dissidence. Dans nos sociétés, on ne le tuera pas mais il sera puni. Il sera dénoncé, haï, calomnié. S'il ne le supporte pas, il renoncera. S'il est sensible à l'opinion, il sera complètement paralysé.

Si l'on veut agir, il faut se moquer de l'opinion; c'est la seule façon d'être libre et de faire ce que l'on pense être juste. Pour moi, ça va, car je suis un privilégié. Mais les ouvriers défavorisés le paient cher.

La seule façon de s'en sortir est de s'organiser. Des gens organisés en syndicat, par exemple, peuvent payer un prix qu'un individu ne peut pas assumer seul. C'est pourquoi tant d'efforts sont déployés pour briser ce type d'organisation. Ce sont des raisons de ne pas se révolter beaucoup plus profondes que la propagande.

Vos livres sont publiés par des maisons d'édition alternatives. N'ayant pas les mêmes moyens que les grosses, elles n'atteignent qu'un public restreint…

Pour agir, il faut être prêt à en payer le prix.

Peut-être, mais mes livres sont lus par les gens que je veux toucher.

Vous pouvez vous permettre d'être sélectif, parce que vous vous adressez à des gens qui vous connaissent déjà...

Non, ce n'est pas exact. Juste avant de venir ici, j'ai donné une conférence au Kansas. La salle, de 1 500 places, était comble. Personne ne sait d'où venaient ces gens. Mais c'est toujours comme ça. Partout où je vais donner une conférence, il y a une grande affluence. Il y a des réseaux où se retrouvent les gens en désaccord avec ce qui se passe et qui veulent entendre un autre son de cloche. Je ne suis pas le seul dans ce cas. Aux États-Unis, il y a une poignée de conférenciers qui, comme moi, passent leur temps à sillonner le pays et font la même expérience. Partout où ils vont, il y a foule. En fait, il y a un énorme public dans toutes ces régions que le *New York Times* n'atteint pas, mais où les petites maisons d'édition sont bien diffusées. Donc, c'est un choix, mais à mes yeux pas un mauvais choix.

Si vous recherchez la célébrité et le prestige, ce n'est pas la bonne façon d'y parvenir. En revanche, si vous voulez encourager la participation et l'action populaire...

Vous ne croyez pas qu'on puisse changer le système de l'intérieur ?

Je ne dis pas que cela ne marchera jamais. Par exemple, s'ils bénéficient d'un soutien populaire à l'extérieur, des gens à l'intérieur peuvent faire des choses. J'ai de bons amis qui occupent de très hautes fonctions dans les médias et qui plaident en faveur d'une critique des médias. Ils aimeraient que les gens remettent en cause les médias, révèlent leurs mensonges, car cela leur donnerait une plus grande marge de manœuvre. Les uns renforceraient les autres. Cela vaut pour le système politique dans son ensemble, et pour d'autres institutions établies.

Nos sociétés démocratiques auraient besoin d'avoir leurs Gorbatchev…

Oui, mais lui œuvrait dans un système totalitaire complètement différent du nôtre.

Beaucoup aspirent au changement. Par exemple, cela fait vingt-cinq ans que je travaille sur la question du Timor oriental. Finalement, plusieurs jeunes militants concernés par cette terrible tragédie sont parvenus à convaincre quelques représentants au Congrès américain, dont certains de droite, de s'y intéresser. En tant qu'individus, ces derniers réprouvaient les massacres et les exactions contre les populations civiles. À force, ils ont réussi à imposer le vote de conditions très strictes à l'envoi d'armes en Indonésie. Bill Clinton a trouvé le moyen de contourner cette décision du Congrès et a continué à envoyer des armes en Indonésie en toute illégalité. Néanmoins, ce vote a constitué un message à l'adresse des Indonésiens.

Il s'est passé la même chose avec la Turquie. Des organisations de défense des Droits de l'homme et des groupes de militants ont convaincu le Congrès d'imposer des conditions à l'aide militaire à la Turquie. Clinton s'est alors mis en quête de moyens détournés pour continuer à fournir aux Turcs des chasseurs bombardiers et des tanks, afin qu'ils puissent poursuivre l'une des plus grandes opérations de massacre et de purification ethnique des années 90.

Voilà un bon exemple de la discipline des classes éduquées. Elles sont capables de ne pas s'apercevoir que l'une des pires opérations de purification ethnique des années 90 s'est déroulée dans un pays membre de l'Otan, et de tout faire pour aggraver la situation. Cela demande beaucoup de discipline, de garder le silence sur de tels drames.

Pourtant, vous insistez beaucoup sur la pression populaire.

C'est vrai. Depuis vingt-cinq ans, la pression populaire arrive à peser sur le Congrès. C'est d'ailleurs comme ça que le mouvement des Droits de l'homme a démarré. La pression populaire issue des années 60 s'est frayée un chemin jusqu'à l'intérieur du Congrès et a réussi à se transformer en votes sur des sujets précis.

Par exemple ?

Prenez les Droits de la femme. Il y a eu de grands progrès au cours des trente ou quarante dernières années, non pas grâce à un législateur agissant dans un vide politique, mais grâce aux groupes contestataires, souvent issus de la gauche – parfois de façon inattendue. Les femmes, à l'intérieur du mouvement, ont commencé à se plaindre de ce que les hommes, qui prétendaient aussi mener le combat pour les droits humains, opprimaient, en fait, les femmes.

Le mouvement féministe est né en partie de ces querelles internes. Les choses arrivent quand les gens décident d'agir. À mon avis, c'est la principale leçon à tirer de l'Histoire.

Depuis la publication de *Manufacturing Consent*, en 1988, votre théorie sur la fabrication du consentement s'est-elle vérifiée? A-t-elle évolué ?

J'hésite à utiliser le mot de théorie pour des considérations aussi banales, et qui, pour la plupart, relèvent du simple bon sens. Une fois qu'on est sorti des sciences de la nature, peu de pensées méritent le qualificatif de théorie. Tout le monde utilise ce terme, mais à tort. C'est plutôt un cadre de réflexion, un modèle qui relève du bon sens.

Oui, ce modèle s'est vérifié de bout en bout. Prenons un seul exemple : certaines opérations de purification ethnique parmi les pires de ces dernières années se sont déroulées au sein de l'Otan. Ceux-là mêmes qui aggravent la situation, qu'il s'agisse de Bill Clinton, John Major et Tony Blair ou du gouvernement allemand, ceux-là mêmes qui envoient des armements de pointe à la Turquie pour lui permettre de raser des villages, de commettre des atrocités et de mettre deux à trois millions de réfugiés sur les routes, n'hésitent pas à prendre le public à témoin et à affirmer qu'ils condamnent la purification ethnique. Et les intellectuels sont si disciplinés, si obéissants, qu'aucun d'eux ne lève le doigt pour protester : « Eh, attendez une minute, si vous êtes contre le nettoyage ethnique de l'autre côté de la frontière, comment se fait-il que vous le souteniez à l'intérieur de l'Otan?» Avez-vous entendu une seule personne le dire?

Vous !

En fait, quelques voix se sont élevées, mais très peu, et elles n'ont jamais atteint le grand public. Par exemple, le 50e anniversaire de l'Otan, célébré à Washington en avril 1999, a été l'une de ces sinistres occasions où l'on a entendu de grands discours passionnés, affirmant qu'on ne pouvait rester indifférent aux massacres perpétrés aux frontières de l'Otan – sous-entendu : on peut très bien rester indifférents à ceux commis à l'intérieur de ces frontières, détail qu'aucun commentateur n'a relevé. Un tel degré de soumission, dans les médias et partout ailleurs, est révoltant!

Ce sont de dramatiques vérifications du modèle, qui dépassent de loin ce que nous aurions pu prédire. Et les exemples se multiplient.

Les médias

Selon vous, Internet est-il un instrument de libération ou de propagande ?

L'un et l'autre. Internet, qui fait actuellement l'objet d'une grande bataille, est une invention développée sur des fonds publics qui est passée dans le secteur privé en 1995. Depuis, le public s'efforce de préserver sa liberté.

Quand il relevait du Pentagone et de la *National Science Foundation*, Internet n'était soumis à aucune contrainte. Dès qu'il est passé dans le secteur privé, les entreprises ont cherché à contrôler l'accès du grand public à cet outil.

Internet est extrêmement précieux pour se tenir informé en dehors du système. Si vous voulez des informations sur les traités de commerce, ce n'est pas dans les journaux que vous allez les trouver mais sur Internet. En fait, il s'est révélé un instrument crucial dans la lutte contre l'Accord multilatéral sur l'investissement. Même chose pour le Timor oriental : c'est grâce à Internet que des organisations ont pu se mobiliser. Le mouvement démocratique qui a fini par renverser Suharto en Indonésie s'en est servi avec succès pour échapper à la surveillance des autorités. On pourrait citer bien d'autres actions de pédagogie et de mobilisation qui n'auraient pas abouti ou n'auraient pas existé si elles n'avaient disposé que de moyens conventionnels.

Mais Internet, c'est aussi un immense supermarché. Les grandes entreprises veulent en faire un instrument de marketing, un instrument pour renforcer la marginalisation des individus. Tout dépendra de la façon dont les gens réagiront.

Comment vous informez-vous : par les journaux, la télévision, la radio, Internet… ? Quel est votre rapport personnel à l'information ?

Personnellement, je n'utilise pas tellement Internet, parce que je suis déjà submergé d'informations. Mais si je cherche quelque chose de précis, j'y ai recours.

J'ai des réseaux d'associés. Beaucoup de mes amis sont des accros d'Internet. Ainsi, pour savoir quelle avait été la couverture médiatique du dixième anniversaire de l'assassinat des intellectuels latino-américains, je me suis adressé à un ami qui passe beaucoup de temps à surfer et pour qui Internet est un outil de recherche. Nous avons des accords de coopération, si bien que d'une certaine façon j'utilise Internet.

Et, bien sûr, je lis les journaux.

Lesquels ?

Toute la presse nationale, beaucoup de journaux internationaux, la presse économique…

Et la radio ?

J'essaie de capter *BBC World Service.*

Regardez-vous la télévision ?

Non. C'est la plupart du temps sans intérêt, et on n'y trouve guère d'information.

Vous n'avez pas remarqué d'évolution dans la présentation du journal sur CNN, au fil des ans ?

Je regarde vaguement CNN quand je suis en voyage. Mon sentiment est que ce sont des nouvelles pour hommes d'affaires en déplacement.

Il se passe des choses intéressantes à l'intérieur des chaînes de télévision ; je le sais par des amis qui sont à l'intérieur du système. Par exemple, l'un de mes vieux amis qui était alors depuis de longues années correspondant d'ABC, l'une des trois grandes chaînes américaines de télé, m'a beaucoup éclairé sur le bombardement de la Libye[1], un autre de ces événements que les médias ont fait semblant de ne pas comprendre. C'est le premier bombardement de l'Histoire à avoir été programmé pour coïncider avec l'heure de plus grande écoute à la télévision. Il a été programmé pour 19 heures précises (*Eastern Standard Time*), lorsque les trois grandes chaînes américaines diffusent leur journal télévisé national. Et ce n'était pas si simple à organiser. La France

1. Le 16 avril 1986, Reagan ordonnait un raid aérien sur Tripoli en représailles contre le rôle qu'aurait joué la Libye dans un attentat ayant visé une discothèque de Berlin-Ouest fréquentée par des soldats américains. Les bombardiers de l'aviation américaine décollèrent d'une base britannique, mais la France leur refusa le survol de son territoire, contrariant ainsi la trajectoire prévue.

Le 16 avril 1986, le bombardement de la Libye est le premier de l'histoire à avoir été programmé pour coïncider avec l'heure de plus grande écoute à la télévision, lorsque les 3 grandes chaînes américaines diffusent leur journal national.

n'ayant pas autorisé le survol de son territoire, les avions ont dû partir de Londres, traverser la Méditerranée et frapper Tripoli au moment prévu. Comment se fait-il que toutes les chaînes de télé se trouvaient déjà sur place? Elles n'ont pas de bureaux à Tripoli!

Cet ami m'a donc appelé de Tripoli pour me dire qu'ils étaient tous en train d'attendre qu'il soit deux heures du matin, heure locale, parce qu'on les avait prévenus qu'il allait y avoir un gros événement. Et que tous devaient feindre la surprise. Les journalistes en studio à New York devaient faire semblant d'apprendre la nouvelle. Tout était arrangé pour que, pendant les vingt premières minutes, on ne voie que de palpitantes images d'action, des bombes qui tombent, etc. Puis l'antenne a été donnée à Washington, où pendant quarante minutes chacun y est allé de son explication. Bref, une heure de pure – et très bien faite – propagande.

Personne n'a fait la moindre remarque à ce sujet. C'était un exemple pur et simple de soumission des médias à la violence de l'État, sans que personne ne s'en offusque. Mon ami ne l'a pas supporté. Il a refusé de filmer ce qu'on voulait qu'il filme. Il est allé dans les hôpitaux et a fait un reportage sur les victimes. Il a réussi à le faire passer, mais c'était contrevenir aux règles du jeu et sa chaîne n'a pas du tout apprécié.

Diriez-vous que la télévision privée est pire que la télévision publique?

Aux États-unis, sur certains plans elle est sans doute meilleure. Certaines chaînes offrent plus de diversité. Ainsi pendant la guerre des Balkans, des gens comme moi ont pu s'exprimer sur des chaînes commerciales.

Aux États-Unis, la télévision publique est très marginale, et presque entièrement inféodée à l'idéologie libérale (au sens américain du terme). C'est moins vrai dans d'autres pays.

En France, par exemple, la plus grosse chaîne de télévision, TF1, appartient à un groupe de travaux publics : Bouygues. En face, il y a Canal Plus, qui appartient au groupe Vivendi...

La télévision et la radio américaines sont très différentes de leurs homologues dans le reste du monde.

Au début, dans les années 20, la radio était essentiellement publique, presque partout dans le monde. Aux États-Unis, après une grande bataille qui a duré des années, la radio est devenue privée. Ainsi en 1934, presque toutes les stations de radio étaient passées au privé. Quelques-unes étaient tenues par des Églises, des universités ou des associations, mais elles étaient très petites. Donc, quand la télévision est née, la question ne s'est même pas posée, elle est aussitôt devenue privée.

La télévision publique a été autorisée dans les années 60, principalement pour cette raison : la télévision étant entièrement aux mains du privé, le Congrès l'a obligée à remplir certaines missions de service public, à réserver un petit temps d'antenne à des questions d'intérêt collectif. Pour les chaînes privées, c'était une corvée. Elles ont donc été ravies quand la télévision publique est arrivée : «À elle de s'occuper des questions d'intérêt collectif, à nous les contenus que l'on peut vendre aux annonceurs publicitaires!»

La radio et la télévision publiques aux États-Unis n'ont donc rien à voir avec leurs équivalents en Europe, au Canada ou ailleurs...

Tout à fait. Elles occupent une place marginale, et sont aujourd'hui, pour la plupart, commerciales. Aux États-Unis, la télévision publique ne diffuse pas de publicité mais chaque émission commence par : « Nous sommes parrainés par telle ou telle entreprise. »

Vous avez dit un jour que les médias européens étaient plus libres que leurs homologues américains, qu'ils étaient moins sous influence.

Ils sont plus diversifiés.

Mais il est curieux comme on étudie peu les médias dans le monde. La plupart des études sont faites aux États-Unis.

En Hollande, un étudiant a fait sa thèse en prenant comme grille d'analyse le modèle que Edward Herman et moi avions développé dans *Manufacturing Consent* afin de comparer la façon dont les médias américains avaient couvert les élections au Nicaragua et au Salvador qui se déroulaient toutes deux en 1984[1]. La principale question posée était : « Ont-ils dans les deux cas utilisé les mêmes critères, ou bien

---

1. Lorsque, en février 1984, le gouvernement sandiniste annonce la tenue d'élections au Nicaragua, le Département d'État américain réagit en déclarant que *« les élections ne seront pas honnêtes »*. Après avoir annoncé leur participation, la Coordination démocratique nicaraguayenne (CDN, opposition) et son dirigeant, Arturo Cruz, boycottent le scrutin du 4 novembre, à la demande de Washington, pour en délégitimer les résultats. Au Salvador, alors que l'armée et les escadrons de la mort ont fait, en 1983, près de 6 000 victimes parmi la population civile, la CIA investit 2,1 millions de dollars dans la campagne du démocrate-chrétien Napoléon Duarte (qui sera élu le 6 mai 1984), apportant sa caution à un régime « démocratique » dans lequel, en réalité, les militaires sont les véritables détenteurs du pouvoir.

en ont-ils changé pour plaire aux autorités et dire, par exemple, que le Nicaragua avait "tout faux" et le Salvador, "tout bon"? [1] »

C'était juste une façon de mesurer leur objectivité. Il a fait la même chose pour quatorze journaux européens. Le plus honnête était le *Guardian* britannique. Puis venaient les journaux de droite. La presse de droite allemande était raisonnablement objective. Tout en bas de l'échelle figurait un quotidien français qui se livrait à de la pure propagande reaganienne : *Libération.*

Le journalisme américain a la réputation d'être le meilleur du monde…

À certains égards, c'est vrai. Si je ne devais lire qu'un seul journal, ce serait l'*International Herald Tribune.*

L'affaire du Watergate a-t-elle changé quelque chose ?

Le Watergate a été une illustration de la haine que la presse et les élites nourrissent à l'égard de la démocratie.

Deux événements se sont produits en même temps. Le premier a été la révélation publique du Watergate. De quoi s'agissait-il, au fond? D'une affaire d'une affligeante banalité. Pour une raison qu'on ignore, quelques individus comman-

---

1. Lex Rietman, *Over objectiviteit, betonrot en de pijlers van de democratie : De Westeuropese pers en het nieuws over Midden-Amerika*, Instituut voor massacommunicatie, Universiteit Nijmegen, 1988. Cette thèse est évoquée par Noam Chomsky dans le chapitre 5 de son livre *Deterring Democracy*, Verso, 1991.

dités par le Comité national républicain s'étaient introduits au siège du Parti démocrate et y avaient subtilisé des dossiers. À cette occasion, on apprit que Richard Nixon tenait une liste noire sur laquelle il inscrivait les noms de ceux qu'il tenait pour ses ennemis. J'en faisais partie. Rien n'est jamais arrivé aux personnes figurant sur cette liste. Je suis bien placé pour le savoir. C'était une farce.

Au même moment, un autre événement s'est produit, non pas dans la presse mais devant les tribunaux : l'examen par les juges d'un programme de contre-espionnage conduit, sous le nom de CoIntelPro (*CounterIntelligence Program*), par le gouvernement fédéral et sa police politique, le FBI, sous quatre présidents successifs – Eisenhower, Kennedy, Johnson et Nixon. Au départ, il s'agissait de briser le Parti communiste. Puis sa mission s'est étendue à toutes les organisations dissidentes : celles des femmes, des pacifistes, des Noirs, etc.

Ils ne se contentaient pas de voler des dossiers au siège d'un parti politique. Ils débarquaient et brisaient des partis politiques, comme, par exemple, le *Socialist Workers Party*, un parti trotskiste. À elle seule, l'attaque contre le SWP – un minuscule aspect de CoIntelPro – a été bien plus grave que le Watergate. Le SWP a une influence politique tout à fait marginale; cependant, c'est un parti légal qui, du moins au regard de la loi, jouit exactement des mêmes droits que le Parti démocrate.

Des assassinats ont par ailleurs été commis. Un militant noir de Chicago a été abattu par la police de la ville, avec l'aide directe du FBI, dans le cadre de ce programme. Il a été assassiné dans son lit, probablement drogué, le FBI n'ayant pas réussi à convaincre un chef de gang de se charger de cette besogne. CoIntelPro était infiniment plus grave que le

Watergate. Or, personne n'en a jamais entendu parler. En revanche, le Watergate fait figure de plus grand événement du siècle.

Pourquoi cette différence ?

Parce que dans l'affaire du Watergate, les cibles étaient des puissants. Les gens se moquaient de savoir que j'étais sur la liste noire. En revanche, il ne leur était pas du tout indifférent d'apprendre que le PDG d'IBM, ou encore l'ancien conseiller à la Sécurité nationale sous Kennedy et Johnson, s'y trouvait aussi. On ne critique pas les puissants. Si vous vous en prenez à eux, ils contre-attaquent et vous anéantissent. Nixon a été broyé – en fait, j'étais de son côté – parce qu'il avait osé agacer des gens puissants.

Pourtant, l'autre affaire avait de quoi inquiéter. Un Président se permettait d'utiliser la police nationale pour se livrer à une activité criminelle pouvant aller jusqu'au meurtre. Mais de cela, tout le monde se fiche. J'ai écrit un article là-dessus à l'époque, dans *The New York Review of Books.* Il est passé inaperçu. J'ai écrit plus d'une dizaine de fois à ce sujet, en vain.

Le Watergate a montré que la presse et les intellectuels ont pour principe de ne pas critiquer le pouvoir. Vous pouvez assassiner des pauvres Noirs, mais pas critiquer ceux qui détiennent le pouvoir.

Telle est l'explication immédiate qui devrait venir à l'esprit de ceux qui ne se laissent pas subjuguer par l'idéologie dominante. Il est difficile d'en imaginer une autre, aussi plausible.

Tant qu'il reste petit et marginal, vous pouvez envoyer la police nationale détruire un parti politique légal, mais ne vous avisez pas d'importuner un parti qui représente la moitié du pouvoir dans le pays. Telles sont les leçons du Watergate, qui passe pour l'un des plus grands exploits de la presse américaine, alors que c'est en fait l'une de ses plus grandes faillites.

Dans *Manufacturing Consent*, vous dites que les discours médiatiques renferment des présupposés, et que s'ils sont décryptés ils se retrouvent mis à nu et s'effondrent. Vous dites également que ces discours renferment des secrets cachés...

Oui, c'est un point très important.

Quand le débat aux États-Unis et en Occident porte sur la question de savoir si les États-Unis avaient tort ou raison de défendre le Sud-Vietnam, on part du présupposé que les États-Unis défendaient le Sud-Vietnam. Mais quand on demande si les Russes avaient tort ou raison de défendre l'Afghanistan, tout le monde se rend compte que la question est mal posée. Ils ne le défendaient pas, ils l'attaquaient.

Les États-Unis aussi étaient en position d'agresseur, mais il était interdit de poser la question en ces termes. La seule chose dont on pouvait discuter était de savoir s'il était juste ou injuste de défendre le Sud-Vietnam contre ses propres citoyens. Pendant quarante ans, j'ai étudié la presse américaine pour voir si, une seule fois, elle dirait que Kennedy a attaqué le Sud-Vietnam.

C'est pourtant bien ce qu'il a fait lorsqu'il a envoyé l'armée de l'air américaine bombarder des villages sud-vietnamiens, lorsqu'il a lancé des programmes de destruction des récoltes, lorsqu'il a autorisé l'utilisation du napalm, lorsqu'il a obligé des dizaines de milliers de paysans à se regrouper dans des camps de concentration (qualifiés de *« hameaux stratégiques »*) pour soi-disant les « défendre » contre la guérilla – une guérilla qui avait en fait leur soutien, comme le reconnaissait Washington –, etc. Rappelez-vous qu'à l'époque, le Nord-Vietnam était encore peu impliqué, sans parler du fait que les Vietnamiens étaient chez eux. Tout cela est bien documenté dans les archives officielles, dans des enquêtes détaillées par zones effectuées par des experts, pour le compte de l'armée américaine – des experts qui approuvaient les objectifs de l'effort de guerre américain –, et dans d'autres sources. Mais qu'importe. Les États-Unis « défendaient » le Sud-Vietnam. Nous pouvons nous demander si cette « défense » était juste et légitime, mais pas si l'attaque était juste et légitime.

C'est incroyable mais vrai.

Il y a eu peu d'études sur la perception de la guerre du Vietnam par le grand public, mais les résultats en sont passionnants. J'ai déjà mentionné le fait qu'une grande majorité, depuis 30 ans, considère la guerre comme « fondamentalement mauvaise et immorale », et non comme une « erreur ». Cette position n'est quasiment jamais exprimée dans les débats publics. La perception des conséquences de la guerre est également intéressante. Lorsqu'on demande aux Américains combien de Vietnamiens sont morts, la réponse moyenne est 100 000 morts[1]. Si les Allemands pensaient aujourd'hui que 300 000 Juifs ont été tués pendant l'Holocauste, on pourrait se dire qu'il y a un problème en Allemagne et on se poserait des questions sur la nature du système de propagande – pour dire les choses gentiment.

1. Deux à trois millions de Vietnamiens sont morts durant le conflit.

Mais lorsqu'il s'agit des États-unis et du Vietnam, cela ne suscite ni intérêt ni inquiétude.

Quand on regarde le présentateur d'un journal télévisé, on a l'impression qu'il ne nous parle pas mais qu'il s'adresse d'abord à son patron...

Sans oublier qu'avant tout, le journaliste parle à son prompteur ! Un animateur de télé passe d'abord chez un coiffeur qui veille à ce qu'il n'ait pas une mèche de travers, qui vérifie que la peau de son visage n'est pas luisante, que sa cravate est bien droite, qu'il a le bon look... Et puis il y a un prompteur, généralement commandé par une jeune femme qui pense pour lui. Arrive la question qu'il est censé poser, et comme c'est un comédien, il la prononce comme s'il venait de l'inventer.

Avez-vous déjà parlé à un prompteur ?

C'est une expérience très bizarre. Un jour, j'ai été invité à faire une intervention d'une demi-heure sur une chaîne britannique qui diffuse des programmes éducatifs. Ils ont voulu que je l'écrive à l'avance, pour me la resservir au prompteur. Vous êtes là, dans l'obscurité du studio, et vous devez lire comme si vous étiez en face d'un public qui vous regarde, comme si vous lui parliez.

Difficile de ne pas éclater de rire quand, de temps en temps, vous vous apercevez que vos propres mots ont été mal orthographiés. Heureusement, j'ai réussi à garder mon sérieux ! Après cela, j'ai eu l'occasion de bavarder avec les techniciens, et je leur ai demandé comment font les hommes politiques et tous les autres. Il m'ont dit que lorsque Reagan

Un journaliste parle avant tout à son prompteur. Et quand arrive la question qu'il est censé poser, comme c'est un comédien, il la prononce comme s'il venait de l'inventer.

passait à la télé, il y avait douze prompteurs, de sorte qu'il pouvait regarder dans toutes les directions, comme s'il était réellement en présence d'un auditoire. C'est un acteur, alors c'est facile. Mais en réalité, il se contentait de lire un texte qu'on avait écrit pour lui et que, probablement, il ne comprenait même pas.

Pourquoi l'avez-vous fait?

Parce que je suis bien élevé. J'ai fait ce qu'on m'a demandé.

Mais sur le réseau des radios publiques américaines (NPR), c'est encore pire. Leurs émissions d'information sont animées par des intellectuels libéraux (au sens américain du terme) qui s'adressent à d'autres intellectuels. Néanmoins, sous la pression publique, ils ont dû accepter la présence de quelques dissidents.

Pendant la guerre du Vietnam, par exemple, j'ai été très présent dans la région de Boston en tant qu'intervenant, organisateur, militant de plume, opposant, résistant... C'était connu. À cette époque, j'ai eu de bons contacts avec la presse écrite, et j'ai plusieurs fois été interviewé par des chaînes de télévision commerciales. La fierté de NPR est *WGBH Cambridge Mass*, sa vitrine intellectuelle. On m'y a invité une fois, pour quelques minutes : ça a été une interview très dure, très hostile – je revenais d'une visite de deux semaines dans les zones de combat en Indochine.

Pendant la guerre du Golfe, ils ont été soumis à de telles pressions que, finalement, ils ont accepté que je m'exprime. Ils m'ont demandé d'envoyer mon texte pour le lire. Puis ils m'ont demandé de le pré-enregistrer, afin que je ne puisse pas le changer au dernier moment.

Mais ce n'est pas tout : mon intervention devait durer exactement deux minutes et demie. La première fois que je l'ai lue, elle faisait deux minutes et trente-six secondes. J'ai dû la relire un peu plus vite, mais bien sûr ils se sont empressés de vérifier que je n'avais pas ajouté un seul mot à ce que j'avais écrit. Et c'est une station de radio qui se dit libre.

Vous acceptez d'aller dans des émissions de télé, même si votre pensée est formatée?

C'est un procédé bien rodé qu'utilisent les médias les plus sophistiqués. Ils ont même un nom pour ça : la concision. C'est un terme technique qui vient de la publicité. Être concis, c'est dire trois phrases entre deux annonces publicitaires. C'est un très bon truc pour contrôler la pensée.

Quand on vous donne l'occasion de dire trois phrases entre deux annonces publicitaires, vous avez le choix : soit vous vous contentez de répéter un slogan auquel tout le monde est censé adhérer, soit vous dites ce que vous pensez et on vous prend pour un fou. Parce que vous n'avez pas le temps d'apporter la moindre preuve, d'étayer vos affirmations.

Supposez qu'on vous invite dans une émission sur le terrorisme. Vous pouvez dire que Kadhafi est un terroriste. Cela prend une minute. Pas besoin de produire des preuves. Mais supposez que vous disiez : « Bill Clinton est un terroriste. » Les gens voudront savoir ce que vous voulez dire par là, car ce sera la première fois qu'ils entendront une chose pareille. Mais on ne vous laissera pas vous expliquer. Donc, ou bien vous passez pour un fou, ou bien vous ne dites que des lieux communs.

Comment définiriez-vous le statut de l'information dans la société actuelle?

Information n'est pas le bon mot; la plupart du temps, il serait plus juste de parler de *désinformation.*

C'est une affaire complexe. Une contrainte institutionnelle fondamentale pèse sur les médias, puisqu'ils vivent de la publicité. Sur le plan institutionnel, ce sont des entreprises privées qui vendent des parts d'audience à d'autres entreprises privées. Bien entendu, elles sont soumises au pouvoir étatique, lui-même étroitement lié aux intérêts privés. À l'intérieur de ce cadre, elles font des choses. Ainsi, il y a beaucoup de gens intègres sur le plan professionnel, qui s'efforcent de faire honnêtement leur boulot.

Par exemple, dans la presse économique, le *Wall Street Journal* se divise en deux parties. Une partie «commentaires», et une partie «informations» qui est peut-être la meilleure du monde. Ce journal doit brosser un tableau relativement objectif de la réalité, parce que c'est sur cette base qu'on fait de l'argent. On y trouve donc des articles bien étayés, et souvent très critiques. Les articles d'opinion et les éditoriaux sont du niveau bande dessinée, mais l'information y est excellente.

Que pensez-vous de la course à l'instantanéité qui caractérise l'information aujourd'hui?

Que l'information vous arrive sur le champ ou un jour plus tard ne change rien.

La rapidité de la communication a-t-elle pour objectif de tuer la mémoire et d'étouffer l'esprit critique?

Cet effet découle de sa superficialité, pas de sa rapidité. Que vous lisiez une nouvelle un mois plus tard ne change rien, vous la comprendrez de la même façon.

Mais une nouvelle efface l'autre...

Certes, mais même si vous la lisez avec une semaine de retard, elle est remplacée par d'autres.

La rapidité donne l'illusion de vivre au cœur des événements, mais cela signifie seulement qu'on est soumis à une propagande encore plus intense. Quant c'est instantané et palpitant, on se laisse entraîner par le flot des événements.

Selon moi, c'est l'absence de profondeur et la superficialité, non la rapidité, qui affectent la perception du présent. Mais tout est fait pour effacer la mémoire.

En 1999, on a commémoré le dixième anniversaire de la chute du Mur de Berlin. C'est un événement qui a eu de multiples répercussions. De certaines, on ne parle quasiment pas. Par exemple, le fait que cet événement a été un désastre pour les pays du tiers-monde. Même les plus anticommunistes dans le tiers-monde considèrent la chute du Mur de Berlin et l'effondrement de l'Union soviétique comme un grave problème. Cela signifie que l'Occident n'a plus besoin de tenir compte des intérêts du tiers-monde et peut traiter ces pays encore plus durement. Ce problème concerne l'écrasante majorité de la population mondiale. Mais tous les discours sur la chute du Mur de Berlin ne s'intéressent qu'à

Selon moi c'est l'absence de profondeur et la superficialité, et non la rapidité, qui affectent la perception du présent.

une chose : ses répercussions sur l'Europe. Ce qui ne touche pas les riches et les puissants n'existe pas. On peut parler ici de destruction de la mémoire.

N'avez-vous jamais caressé l'idée de lancer un journal?

Vous savez ce qu'il faut comme moyens pour lancer un journal?

Sur Internet, cela coûte moins cher…

En fait, cela existe déjà sur Internet. Il y a des pages Web, des commentaires, des analyses, des forum de discussion. J'ai déjà participé à l'un d'entre eux, *Znet.* Il ne s'agit pas vraiment d'un journal, mais plutôt d'analyses en ligne, avec des commentaires et des forum de discussion.

C'est un phénomène intéressant, mais le problème c'est de savoir qu'ils existent. Il n'y a que quelques portails d'accès à Internet, et s'ils sont contrôlés par des entreprises commerciales, il est très difficile de trouver ces sites. En fait, avec un peu d'effort on y parvient, mais cela deviendra certainement de plus en plus difficile avec la commercialisation croissante d'Internet.

Internet est une affaire compliquée. Il peut aussi être un instrument d'aliénation, surtout chez les jeunes. Je vois des étudiants qui ne fréquentent quasiment personne. La tentation est grande d'éviter les contacts directs avec les autres au profit de rapports abstraits et virtuels. C'est évidemment moins risqué psychologiquement de parler à un ami qui se trouve à 4000 kilomètres – et qui, peut-être, se fait passer pour quelqu'un d'autre – que de rencontrer quelqu'un en chair et en os et de lui parler face à face. On m'a raconté que des adolescents s'enferment dans leur chambre et mènent une vie sociale imaginaire avec des amis virtuels.

Il semble étonnant que vous, qui êtes l'un des plus grands chercheurs du siècle en linguistique, n'ayez jamais essayé d'appliquer vos théories linguistiques aux médias. C'est comme s'il y avait un trait hermétique entre votre travail de linguiste et celui d'observateur politique.

Mes observations politiques sont des banalités. Il n'y a pas besoin de la linguistique pour les comprendre. Il n'y a rien dans les médias, politiquement et idéologiquement, que le simple bon sens ne puisse saisir. Vous pouvez l'envelopper d'un jargon et de longues phrases alambiquées pour lui donner l'allure d'une théorie, mais ce n'est que du bluff. Tout un chacun peut y accéder. Les intellectuels ont tendance à prétendre le contraire. Et c'est tout à fait dans leur intérêt que les gens le croient. Si vous savez parler de façon compliquée, en utilisant des mots difficiles, vous faites partie des privilégiés. On vous invite à des congrès, on vous entoure d'honneurs, mais vos discours ont-ils un contenu? Là est la question. Voyons plutôt si on ne pourrait pas dire la même chose avec des mots simples. Et c'est presque toujours possible.

Mais dans votre discipline, la linguistique, vous tenez un discours très technique...

C'est propre à la science. On ne peut la comprendre sans une certaine quantité de travail.

C'est évidemment moins risqué psychologiquement de parler à un ami qui se trouve à 4000 km – et qui, peut-être, se fait passer pour quelqu'un d'autre – que de rencontrer quelqu'un en chair et en os et de lui parler face à face.

La linguistique a-t-elle des applications pour les affaires humaines ?

C'est peu probable. Nous avons surtout une connaissance pratique des affaires humaines. Dans d'autres domaines, nous avons une connaissance théorique mais elle est n'est quasiment pas applicable aux problèmes, difficiles et souvent déconcertants, de notre vie quotidienne.

Même en physique, où l'on atteint un niveau de connaissance beaucoup plus profond, ce n'est que depuis très peu de temps que les physiciens ont quelque chose de pertinent à dire aux ingénieurs. De même, jusqu'à il y a une cinquantaine d'années, la recherche scientifique n'avait pas grand-chose à apporter à la médecine.

Si vous savez parler de façon compliquée, en utilisant des mots difficiles, vous faites partie des privilégiés. On vous invite à des congrès, on vous entoure d'honneurs, mais vos discours ont-ils un contenu? Là est la question. Voyons plutôt si on ne pourrait pas dire la même chose avec des mots simples. Et c'est presque toujours possible.

La politique étrangère

Passons à un autre sujet. Vous avez dit que la politique étrangère américaine était plus offensive que défensive. Pourtant, les récentes opérations en Somalie[1] ou au Kosovo sont présentées en termes de défense des Droits de l'homme…

En Somalie, les États-Unis soutenaient le principal dictateur. Quand il a été renversé, le pays a sombré dans le chaos, avec combats et famine à la clé. Les États-Unis ont refusé de lever le petit doigt pour lui venir en aide. Finalement, vers la fin 1992, les combats ont perdu de leur intensité, la famine a reculé, la situation s'est améliorée. L'essentiel de l'aide humanitaire passait par le canal de la Croix-Rouge.

C'est alors que les États-Unis se sont dit qu'une intervention serait une bonne opération de relations publiques. On enverrait quelques sous-marins. Les soldats distribueraient

---

1. Le 8 décembre 1992, trente mille Marines américains débarquaient à Mogadiscio dans le cadre de l'opération « Rendre l'espoir » (*Restore Hope*). Leur mission consistait à rétablir les conditions de sécurité nécessaires à l'acheminement de l'aide humanitaire à la Somalie, pays déchiré par la guerre civile depuis 1991. Les derniers Marines américains quittèrent le sol somalien en 1994, et les derniers Casques bleus en 1995, sans que ne soit rétablie la paix en Somalie.

des sandwiches aux enfants. Tout le monde les acclamerait et ce serait excellent pour l'image de l'armée. Tout ça était dit quasiment en ces termes.

Quand les Marines ont débarqué de nuit, avec tout leur attirail et leur équipement infrarouge, ils ont été aveuglés par les projecteurs des cameramen de télé. Ils avaient prévenu les chaînes de télé de leur lieu de débarquement pour qu'elles puissent filmer ce sympathique événement. Les projecteurs étaient si puissants que les Marines n'y voyaient plus rien. Ils ont été obligés de demander aux cameramen de les éteindre. C'était si ridicule que même la presse n'a pu s'empêcher d'en rire. C'était une opération de relations publiques.

Tant que ça allait bien, il n'y a pas eu de problème. Mais dès qu'ils ont commencé à rencontrer des difficultés, ils n'ont pas hésité à tuer. Il y a eu probablement autant de morts que de personnes sauvées de la famine. Selon la CIA, il y a eu entre 7000 et 10000 victimes somaliennes.

Comment analysez-vous la politique américaine vis-à-vis du Kosovo ?

Les États-Unis sont intervenus en sachant parfaitement qu'ils allaient aggraver la situation. Quand l'Otan a commencé ses bombardements, il n'y avait pas de problème majeur de réfugiés hors du Kosovo, et la situation intérieure n'avait pas connu de changements notables au cours des mois précédents, comme l'atteste la vaste masse d'informations réunie par le Département d'État américain, par l'Otan, par les observateurs de l'OCDE et par d'autres sources occidentales.

Ils ont bombardé, sachant que les choses allaient empirer.

À la demande des Américains, les observateurs de l'OCDE

se sont retirés. Comme prévu, la situation s'est aggravée. Puis, dès que les bombardements ont commencé, le commandant en chef de l'Otan a déclaré qu'on allait tout droit vers une recrudescence des exactions. Il avait raison.

L'Italien D'Alema s'était rendu à Washington quelques semaines auparavant et avait déclaré : *« Si l'on bombarde, il y aura des centaines, des milliers de réfugiés... »* Et le fait est qu'en l'espace de quelques semaines, il y a eu des milliers de gens chassés de leur pays, et beaucoup de morts.

Quand vous bombardez des gens, ils ne vous jettent pas des fleurs, ils ripostent. Et ils le font là où ils sont forts. Ils ne vont pas bombarder Washington. Ils ont, logiquement, riposté au sol sur les Kosovars.

Pour vous, il ne s'agissait donc pas de mettre un terme au « nettoyage ethnique » ?

Les bombardements l'ont accéléré.

D'ailleurs, le commandant de l'Otan, le général Wesley Clark, a déclaré très clairement et publiquement que l'Otan n'avait jamais eu l'intention de mettre un terme au « nettoyage ethnique », et que les bombardements ne les ont assurément pas arrêtés, bien au contraire. En fait, des actions diplomatiques auraient été possibles ; elles ont délibérément été écartées.

Tony Blair et Bill Clinton, ces parfaits cyniques, ne manquaient pas d'arguments. Le premier, répété à l'envi, était qu'il fallait arrêter le nettoyage ethnique. C'était faux : le nettoyage ethnique a été une conséquence, et non une cause. Le second argument était plus plausible : il fallait sauvegarder la crédibilité de l'Otan. C'était plus ou moins vrai, à condition de traduire. Quand ils parlaient de la crédibilité de l'Otan, ils entendaient : la crédibilité des États-Unis.

Qu'est-ce que la crédibilité ? Allez en Sicile, et demandez à un parrain de la mafia ce que c'est, il vous l'expliquera : si quelqu'un désobéit à un ordre ou refuse de payer, on ne prend pas son argent, on le tue. C'est ça, être crédible. Les Américains et les Britanniques ont le même raisonnement : ils veulent que le monde les craigne et sache qu'ils sont susceptibles de recourir à la violence.

On parle peu de la planification stratégique de l'administration Clinton. Pourtant, chacun peut s'en informer en consultant certains documents élaborés au sommet de l'État et accessibles au public, lesquels recommandent que les États-Unis donnent l'image d'un État « irrationnel » et « vindicatif », qui n'hésitera pas à frapper chaque fois que ses intérêts seront menacés, avec l'arme nucléaire si nécessaire. Voilà ce que le monde doit savoir. Bombarder le Soudan ou l'Irak sont autant de façons de le faire comprendre.

Les autres arguments ont trait aux relations entre l'Europe et l'Amérique. En toile de fond, il y a la question : qui va prendre le contrôle des Balkans ? Les deux parties sont d'accord pour estimer que les Balkans doivent redevenir des pays du tiers-monde. Ils doivent être des sources de main-d'œuvre bon marché. Ainsi, l'aide à la Bosnie est conditionnée par l'ouverture du pays aux investissements étrangers. Les Balkans doivent avoir le même statut que le Mexique.

Tôt ou tard, les riches centres industriels et miniers de Serbie vont tomber entre les mains des conglomérats occidentaux. Il en ira de même des institutions financières, qui déterminent en grande partie la politique économique.

Finalement, ce sera le cas de l'ensemble de l'économie. Tout sera fait pour que les Balkans redeviennent plus ou moins ce qu'ils étaient avant le début des programmes de développement indépendant de la Yougoslavie. Ils ressembleront alors aux autres vastes régions du monde qui, des décennies après la décolonisation, subissent toujours la domination coloniale. On peut en dire autant de l'ex-Union soviétique, à quelques différences près.

La question est donc bien : qui va contrôler les Balkans? Les États-Unis ne veulent pas que ce soit l'Europe. Or, une guerre menée par l'Otan redonne l'avantage aux États-Unis.

Dans cette affaire, ne sous-estimez-vous pas la puissance de la Russie ?

Les opérations de l'Otan ont porté atteinte aux relations avec les Russes, mais cela fait partie d'une évolution bien plus générale. J'ai observé l'opinion dans de nombreux pays, et j'ai remarqué une différence frappante entre, d'un côté les États-Unis et l'Europe, et de l'autre le reste du monde.

Les États-Unis et l'Europe ne cessent de se gargariser de leur exploit. Presque partout ailleurs, cette intervention a été perçue comme un cauchemar. Elle a montré que les États-Unis et l'Europe sont devenus incontrôlables. Ces puissances violentes reviennent aux pratiques du XIXe siècle. Même dans des pays comme Israël, leur allié stratégique traditionnel, des experts militaires respectés ont dit : *« C'est un retour à l'impérialisme européen du XIXe siècle, drapé dans la bonne conscience. »*

Le reste du monde va devoir se défendre.

Avec le risque que cela entraîne une prolifération des armes nucléaires ?

Chacun a compris que si la Serbie avait eu une force de dissuasion, cela ne serait pas arrivé. Chacun va essayer de s'en procurer une.

Plusieurs analystes ont aussi prédit que des alliances – comme celle, à trois, entre la Russie, la Chine et l'Inde – vont tout faire pour essayer de contrer la puissance américaine. Peu après l'intervention au Kosovo, le Président chinois Jiang Zemin s'est rendu en Thaïlande, où il a prononcé un discours plutôt musclé que la presse américaine n'a pas rapporté. « *Les États-Unis,* a-t-il dit, *reviennent à la politique de la canonnière; ils veulent imposer leurs conditions économiques. Nous devons nous défendre. L'Asie du Sud-Est doit se rapprocher de la Chine et faire bloc avec elle pour se protéger de l'hégémonie américaine.* » Ses propos ont reçu un accueil enthousiaste, même de la part des milieux d'affaires thaïlandais.

Quant à l'Europe, la presse a été très sélective. Les propos de Vaclav Havel, favorables à l'intervention de l'Otan au Kosovo, par exemple, ont été largement repris parce qu'on sait qu'il est un admirateur inconditionnel de l'Occident et approuve son recours à la violence. On le révère. En revanche, ceux d'Alexandre Soljenitsyne ont été passés sous silence. Pourtant il avait des choses à dire, par exemple que l'Otan violait le droit international, qu'une nouvelle Europe, fondée sur la force, était en train de se construire et qu'il ne fallait surtout pas croire que l'Occident était intervenu pour défendre les pauvres Kosovars.

D'ailleurs, s'il se souciait vraiment des Droits de l'homme, l'Occident ferait quelque chose pour les Kurdes.

Ou les Tchétchènes...

En Tchétchénie, on ne peut rien faire à cause de la menace nucléaire. En revanche, nous sommes co-responsables des atrocités commises contre les Kurdes en Turquie. Nous pouvons très bien décider d'arrêter d'y participer. Mais, à part Soljenitsyne, rares sont ceux qui veulent contrarier la Turquie ou les États-Unis, qui fournissent aux Turcs les armes utilisées dans les exactions contre les Kurdes.

Comment évaluez-vous l'influence des lobbies de l'armement sur la politique américaine?

Observez l'Histoire. Les États-Unis sont prompts à agir militairement et privilégient les actions rapides.

Ce que les Russes font en Tchétchénie est terrible, mais ce n'est rien comparé à ce que les Américains ont fait en Indochine. Ou comparé aux Turcs contre les Kurdes : deux à trois millions de réfugiés, 3500 villages détruits, des dizaines de milliers de morts. Les Turcs disposent d'armements lourds, d'avions, de tanks. Ils peuvent faire ce qu'ils veulent, puisque Clinton les leur fournit. Plus ils commettent d'exactions, plus les Américains augmentent leur aide militaire.

Prenons le bombardement du Soudan en 1998. C'était un crime de guerre. Ils ont bombardé un pays sans défense et détruit environ la moitié de son potentiel industriel pharmaceutique. Il y a probablement eu des dizaines de morts. Nous sommes en présence d'un État criminel qui utilise sa force sans contrepoids. Parce que la plupart des intellectuels, y compris en Europe, jugent cette affaire sans importance, y prêtent à peine attention ou alors applaudissent, quoi qu'il arrive. Tant que ce sont les puissants qui commettent des crimes, personne ne proteste. Sauf, parfois, l'opinion publique.

Vous avez dit à plusieurs reprises que ce sont les civils qui avaient poussé aux récentes interventions militaires ?

C'est compliqué. Le commandement militaire est en général réticent lorsqu'il s'agit de lancer une opération armée. De même, comme on l'a appris par la suite, ce sont les civils qui étaient partisans, au tout début, d'une intervention militaire au Vietnam. Je me souviens de ce commandant de la marine, le général David Shoup, qui, dénonçant violemment la politique américaine, disait – je reprends quasiment ses termes : « Nous ferions mieux de ne pas tremper nos sales mains pleines de dollars dans leurs affaires. »

Comme souvent, les plus va-t-en guerre étaient les civils.

Cependant l'industrie de l'armement, qui ne représente pas une mince part de l'économie américaine, y est très favorable…

Oui, et il y a le plan stratégique. Immédiatement après la chute du Mur de Berlin, il y a eu une redéfinition du plan stratégique. Selon les analystes, la Russie est « surarmée », alors que les pays du Sud offrent quantité de cibles potentielles. Les stratèges américains ont repensé tout le système. Ils ont maintenant des mini-bombes nucléaires, de petites bombes adaptées aux petits pays.

Désormais, la position américaine est la suivante : l'arme nucléaire est la pierre angulaire de notre politique étrangère. Nous rejetons le Traité de non-prolifération (TNP). Nous ne voulons pas nous engager à ne plus avoir la possibilité de frapper les premiers, même contre des pays qui ont signé le TNP. Nous devons pouvoir frapper les premiers contre n'importe qui. À titre préventif, et pas seulement en réaction à une attaque

Bien plus, nous devons passer pour une puissance imprévisible et vindicative, afin qu'on nous craigne. Il n'est pas bon de se présenter comme trop rationnel. Il faut faire peur aux autres et s'appuyer d'abord et avant tout sur l'arme nucléaire. Nous l'utiliserons contre les pays qui n'ont pas l'arme nucléaire et qui ont signé le Traité de non-prolifération.

Dans n'importe quel pays qui chérit sa liberté, cela ferait la Une des journaux. C'est vous dire combien les gens tiennent à leur liberté. Et il ne s'agit pas là de secrets, ce sont des documents publiés.

Épilogue

En cinquante ans, à l'échelle mondiale, les inégalités se sont accrues. Croyez-vous à la notion de progrès ?

À bien des égards, la situation s'est améliorée, et pas seulement de façon symbolique. C'est vrai dans quantité de domaines, qu'il serait trop long d'énumérer. Prenons un tout petit exemple : le *Massachussets Institute of Technology* (MIT)[1], puisque c'est là que je travaille. Il y a quarante ans, le recrutement du MIT était presque entièrement blanc et masculin. Aujourd'hui, il y a une très grande diversité parmi les étudiants : environ 35 % d'entre eux sont issus des minorités, et 35 % sont des femmes. Ça a complètement changé.

1. Le *Massachusetts Institute of Technology* est l'un des centres universitaires américains les plus prestigieux. Dès sa création en 1865, sa pédagogie insistait sur la nécessité d'associer l'enseignement et la recherche. Noam Chomsky est professeur au Département de linguistique et de philosophie.

Pensez-vous que ce soit lié au principe de la « discrimination positive »[1] ?

L'*affirmative action* a eu un effet extraordinaire, ce qui explique pourquoi elle concentre tant de haines. Elle a eu pour effet d'ouvrir des systèmes jusque-là fermés, d'y faire entrer des gens qui en étaient exclus. Elle a beaucoup profité aux minorités défavorisées, aux pauvres et aux institutions qui les ont accueillis.

Mais ce n'est pas vraiment venu des gens…

Oh que si ! La loi a été votée parce que la pression populaire était immense. Le législateur s'en attribue le mérite, mais pourquoi ne l'a-t-il pas votée vingt ans plus tôt ?

Pareil pour les Droits de l'homme. Les lois qui les protègent ont été adoptées sous la pression de l'opinion publique.

Il y a aussi des progrès dans d'autres domaines. Parmi les riches pays industrialisés, les États-Unis ont, à bien des égards, le plus mauvais système de santé publique. On y trouve des infrastructures médicales fantastiques, mais la plupart des gens n'y ont pas accès. C'est pire que dans d'autres pays, mais au moins ce système existe. Aujourd'hui, il y a une mobilisation pour le sauvegarder. Il a quarante ans, il n'y avait rien à sauvegarder.

---

1. L'*affirmative action*, que l'on traduit par « discrimination positive », « traitement préférentiel » ou encore « action positive », consiste à établir des quotas pour assurer la représentation des minorités ethniques et des femmes dans un emploi ou un poste à l'université, par exemple. Certains ont remis en cause la légitimité de l'*affirmative action* : la Californie en 1996 et l'État de Washington en 1998 y ont renoncé par référendum.

C'est vrai aussi de la mémoire collective. Les États-Unis ont vécu des centaines d'années sans jamais se demander ce qui était arrivé aux Amérindiens ni s'ils avaient été exterminés. Ce n'est que dans les années 60 qu'on a commencé à se poser ce genre de questions. Je me souviens, en 1969, ma fille fréquentait une école située dans un quartier très progressiste. Elle était en cours moyen. Un jour, par curiosité, j'ai regardé son livre d'Histoire. Elle étudiait l'Angleterre coloniale. Je voulais voir ce qui y était dit à propos des grands massacres. Le premier grand massacre s'est produit vers 1640 ; les colons avaient attendu que les guerriers indiens s'éloignent de leur village pour y pénétrer et tuer toutes les femmes et tous les enfants. C'était présenté comme une victoire. Des enfants de dix ans étaient censés se réjouir parce que nous avions massacré des femmes et des enfants et que nous avions maintenant ce si beau pays.

Aujourd'hui, vous ne trouvez plus de tels manuels. C'est un grand progrès.

Comment percevez-vous votre rôle aujourd'hui ?

Je n'ai aucun rôle.

Je donne des interviews, je prononce des conférences dans des universités, des églises, des lieux publics, parfois lors de meetings en plein air, sur des sujets variés comme la linguistique, l'actualité politique et sociale, la politique intérieure, la politique étrangère ou encore la fabrication du consentement. Je m'adresse aussi aux organisations militantes de base et participe à beaucoup de leurs actions.

Comment partagez-vous votre temps, entre votre poste d'enseignant au MIT et votre activité politique ?

À Boston, je suis professeur à plein temps, ce qui est déjà très prenant. En plus de ça, je consacre au moins autant de temps à répondre aux demandes d'organisations militantes. Donc, je passe le plus clair de mon temps à écrire, à parler en public et à voyager. Je suis allé partout dans le pays et dans le monde. La plupart du temps, à l'invitation de groupes militants.

On pourrait dire que vous êtes militant. Aimez-vous ce terme ?

C'est un mot français. Ailleurs, on dirait simplement que je me sens concerné par ce qui se passe dans le monde. C'est vrai, j'ai activement participé à des actions de résistance. Cela ne veut pas dire que je suis militant, mais seulement que je suis impliqué.

Si vous deviez choisir entre la linguistique et le militantisme politique ?

Si le monde pouvait être mis entre parenthèses, je serais parfaitement heureux de ne m'occuper que de linguistique. C'est beaucoup plus satisfaisant sur le plan intellectuel, beaucoup plus créatif... Penser les affaires humaines, c'est important mais ce n'est pas vraiment un exercice intellectuel. Cela consiste essentiellement à démasquer les mensonges et les contre-vérités, à mettre en évidence les facteurs déterminants et à écarter ceux qui ne jouent qu'un rôle marginal, à construire une représentation rationnelle des questions par lesquelles chacun est concerné et à les soumettre à l'épreuve de la réalité.

Tout ce que je vous ai dit aujourd'hui relève de l'évidence. Ce sont des évidences pour n'importe quel lycéen, à condition de disposer des bonnes sources d'information.

Mais ce n'est pas vraiment enrichissant intellectuellement parlant. C'est simplement important.

Êtes-vous secondé ? Avez-vous des disciples ?

Il y a des gens qui font la même chose que moi un peu partout dans le monde, nous sommes en relation. Ainsi quand vous êtes arrivés, j'étais en train de lire sur Internet des documents que m'avaient envoyés des amis en Australie. Ils me transmettent régulièrement des articles d'analyse sur ce qui se passe dans le Pacifique et en Asie du Sud-Est, deux régions auxquelles on s'intéresse de près en Australie. Le Timor oriental et l'Indonésie, par exemple, y sont très bien couverts par les médias depuis des années.

Je suis aussi de très près la situation en Israël. Des amis m'envoient régulièrement des coupures de presse, et je fais de même.

C'est la seule façon de fonctionner pour ceux qui, comme moi, travaillent dans la marginalité. Si vous faites partie de l'establishment, vous disposez de moyens, vous avez des secrétaires, des assistants… Si ce n'est pas le cas, vous devez vous constituer vos propres réseaux, lesquels se révèlent souvent très efficaces sur le plan intellectuel et très enrichissants d'un point de vue humain.

Avez-vous des héros, des gens que vous admirez ?

Oui, beaucoup. Certains sont vraiment des héros, mais ils sont rarement connus du public. Parmi les personnalités connues, Bertrand Russell[1] est quelqu'un pour qui j'éprouve une grande admiration, à la fois sur le plan intellectuel et en tant que personne publique. Il est intéressant de voir à quel point lui et Einstein sont différemment perçus. Ils avaient à peu près les mêmes idées. À la fin, ils étaient très préoccupés par l'arme nucléaire. Tous deux étaient socialistes. Or Einstein est une idole et Russell pas du tout. La différence tient à ce qu'Einstein signait des pétitions, puis retournait à son bureau pour s'occuper de physique. Russell signait des pétitions et descendait dans la rue pour manifester.

Parmi les personnalités encore en vie, y en a-t-il dont vous vous sentez proche ?

Je me sens proche de gens dont les noms ne sont pas connus, de jeunes militants. Il serait injuste, et même trom-

---

1. Ancien élève à Cambridge, Bertrand Russell (1872-1970), qui a consacré ses travaux à la philosophie et aux mathématiques, est l'un des philosophes anglais majeurs du XXe siècle. Son ardent pacifisme, pendant la Première Guerre mondiale, lui vaudra un premier séjour en prison. Libéré, il devient journaliste et réalise un reportage en URSS, où il rencontre Lénine, Trotski et Gorky. Son enseignement, à Pékin puis à New York, choque par son anticonformisme. Bertrand Russell deviendra une figure majeure de la lutte contre la prolifération nucléaire. Lauréat du Prix Nobel de littérature en 1950, Bertrand Russell poursuit son engagement militant, ce qui lui coûte un second emprisonnement en 1961 à la suite d'une manifestation à Whitehall.

peur, de donner des exemples. Injuste, parce que je ne pourrais en citer que quelques-uns. Trompeur, parce qu'étant inconnus, leur nom ne signifie rien. Et puis ils sont trop nombreux, si bien que citer quelques noms est simplement trompeur.

Durant les années 60, ils se sont opposés à la guerre du Vietnam de façon admirable et très courageuse. Il y a des gens comme ça dans le monde entier. La plupart des gens bien sont des gens dont le grand public ignore le nom.

Ce qui continue à vous motiver, est-ce votre croyance en l'homme ?

C'est plus un espoir qu'une croyance. On ne devrait pas croire en des choses qu'on ne connaît pas.

Vous faites confiance au bon sens ?

C'est tout ce qu'on peut faire, faire confiance. On a quelque raison de penser que les gens penchent instinctivement pour l'égalité et la liberté. Le même individu peut devenir un soldat SS ou un saint. Cela dépend des circonstances et des choix personnels.

Le même individu peut devenir un soldat SS ou un saint. Cela dépend des circonstances et des choix personnels.

Parmi les principaux ouvrages politiques de Noam Chomsky disponibles en anglais, on peut conseiller ceux-ci :

The Chomsky Reader, Pantheon Books, New York, 1987.
Manufacturing Consent : The Political Economy of the Mass Media, avec Edward S. Herman, Pantheon Books, New York, 1988.
Necessary Illusions : Thought Control in Democratic Societies, South End Press, Boston, 1989.
Deterring Democracy, Verso, New York, 1991.
World Orders, Old and New, Columbia University Press, New York, 1994.
Secrets, Lies and Democracy, Odonian, Berkeley, 1994.
Powers and Prospects : Reflections on Human Nature and the Social Order, South End Press, Boston, 1998.

Ouvrages récents de Noam Chomsky disponibles en français :

L'an 501. La conquête continue, Écosociété, Montréal, 1995 ; EPO, Bruxelles, 1995.
Les dessous de la politique de l'Oncle Sam, Le Temps des cerises, Paris, 1996 ; EPO, Bruxelles, 1996 ; Écosociété, Montréal, 1996.
Responsabilités des intellectuels, Agone, Marseille, 1998.
Le nouvel humanisme militaire, Page Deux, Lausanne, 2000.
Élections 2000, Sulliver, Paris, 2001.
La conférence d'Albuquerque, Allia, Paris, 2001.
De la guerre comme politique étrangère des États-Unis, Agone, Marseille, 2001.

Par ailleurs, de nombreux articles de Noam Chomsky sont disponibles sur Internet : http://www.zmag.org/chomsky/articles.cfm

REMERCIEMENTS

Merci à Mireille Paolini, qui a suivi ce projet et en a rédigé les notes ; à Barbara Cucini, qui a assuré la traduction en Italie ; merci enfin à Laurent Beccaria.

Table

Pour Noam Chomsky 7

Les intellectuels 17

La France et l'affaire Faurisson 31

Les centres de pouvoir 41

Le capitalisme 67

L'économie invisible 81

Les centres de pouvoir (suite) 101

La démocratie 119

Les médias 145

La politique étrangère 169

Épilogue 179

Ouvrages de Noam Chomsky 188

Remerciements 189

Éditions des Arènes

Catalogue

2001 / 2002

Noir procès *Avril 2001*
Offense à chefs d'État
François-Xavier Verschave et Laurent Beccaria

Un auteur et un éditeur sont poursuivis en justice. Leur délit : offense à trois chefs d'État amis de la France. Mais comme un boomerang, trente témoins exceptionnels vont venir raconter à la barre, parfois au péril de leur vie, les crimes commis en Afrique avec l'appui de la France, de ses réseaux et de son Président.

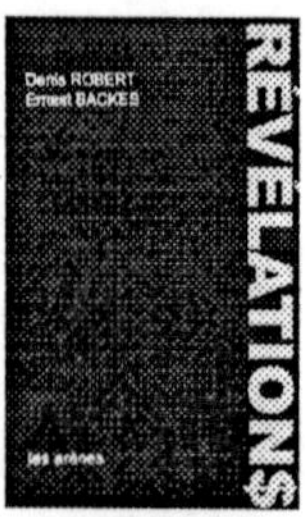

Révélation$ *Février 2001*
Denis Robert et Ernest Backes

L'enquête de Denis Robert nous conduit au Luxembourg, dans les coulisses de la finance internationale. Dans le *no man's land* de la *faxmoney*, il existait un point aveugle, un centre névralgique où des millions de transactions étaient enregistrées et archivées. C'était un secret jalousement gardé.

Global Village *Juin 2001*
À qui profite la révolution technologique ?
Weronika Zarachowicz
Illustrations de Pierre-Xavier Grézeaud

On n'est pas obligé d'aimer son époque, il est toujours dangereux de ne pas la comprendre. Le nouveau monde ressemble à un *Global Village*, réduit à une poignée de Bourses et concentré autour d'une centaine de géants transnationaux. Comment décrypter cette révolution ?

Noir silence *Avril 2000*

Qui arrêtera la Françafrique ?

François-Xavier Verschave

Il existe un pays où, depuis son palais, le chef de l'État recrute librement ses mercenaires et pilote des guerres civiles sur un autre continent.
Ce pays, c'est la France. Le continent humilié, c'est l'Afrique. Leur liaison incestueuse, c'est la Françafrique.

Affaires Atomiques *Janvier 2001*

Dominique Lorentz – Préface d'Alexandre Adler

L'histoire du nucléaire est jalonnée de vérités indicibles, d'alliances apparemment contre nature et de coopérations soigneusement maquillées. Ce livre s'attaque au seul sujet sur lequel il existe un consensus absolu, de Paris à Washington en passant par Téhéran et Jérusalem : le secret nucléaire.

Une guerre *Octobre 1997*

Dominique Lorentz

Ce que cachait l'affaire des otages français au Liban ; pourquoi Georges Besse a été assassiné ; une enquête sur la mort de Michel Baroin ; où l'on voit Jacques Chirac céder au chantage ; comment la France a livré la bombe atomique à l'Iran.

La course folle *Octobre 2000*

Les généticiens parlent

Caroline Glorion

La course folle, c'est la révolution génétique : chaque jour, de nouvelles connaissances s'ajoutent, à un rythme effréné. Douze grands généticiens à travers le monde parlent sans fard. Ils racontent cette « tension éthique » où, chaque jour, il faut arbitrer entre les possibilités de la technique et ce que l'on croit être juste.

Notre affaire à tous *Avril 2000*

Eva Joly, avec la collaboration de Laurent Beccaria

Pour la première fois dans un livre, Eva Joly se raconte. Dans ce récit, elle laisse paraître ses doutes devant une justice aux moyens encore bien faibles comparés à ceux des délinquants qu'elle poursuit.

Un combat de façade *Février 2001*

La lutte contre le blanchiment des capitaux en Suisse

Vincent Peillon et Arnaud Montebourg

Les mesures prises par la Suisse contre le blanchiment des capitaux se heurtent aux acteurs de la place financière. La Suisse, véritable prédateur de la finance mondiale, a mis en place une stratégie bien ordonnée de captation des capitaux venus du monde entier : revenus non déclarés, fortunes de dictateurs, commissions occultes...

Paroles de détenus *Octobre 2000*

Jean-Pierre Guéno et Jérôme Pecnard

Un jour, une heure, leur vie a basculé. En prison, ils sont entrés dans un autre monde, où plus rien n'a tout à fait le même sens. Ces détenus, à la fois si loin et si proches de nous, disent leur désespoir, leur besoin de dignité, leurs passions, et cette force de vivre malgré tout.

Coédition France Bleu.

La machine à tuer *Septembre 2000*

Colette Berthès, avec Bernard Fillaire

J'ai rencontré Odell par hasard, au détour d'une petite annonce relevée par ma fille : « Condamné à mort cherche correspondant français. » Odell Barnes n'aurait jamais dû mourir. Petit délinquant d'un ghetto du Texas, on l'avait accusé de meurtre. Ils se disait innocent. Une enquête truquée l'a expédié dans le couloir de la mort.

Indochine *Novembre 2000*

Notre guerre orpheline

Hélie de Saint Marc

Le soldat a le cerveau d'un accidenté de la route qui vient de quitter l'asphalte, et qui, de tonneau en tonneau, revoit des images en accéléré. Après les combats, le film se déroulait encore et encore.

Un grand album de photos sur la guerre d'Indochine, accompagné d'une vidéo de Patrick Jeudy.

Les sentinelles du soir *Septembre 1999*

Hélie de Saint Marc

« J'ai voulu rassembler tout ce qui, en moi, avait résisté au temps. Chacun avance avec quelques idées que le destin transforme et bouscule. Des certitudes nous quittent. D'autres mystères nous habitent. »

Le chemin intérieur de l'auteur des *Champs de braise*, Prix Femina essai 1996.

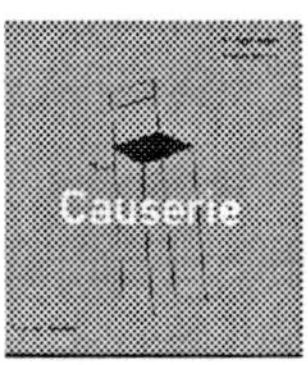

Causerie *Septembre 1999*

Philippe Meyer

Illustrations d'Olivier Douzou

Un écrivain et chroniqueur matutinal décide de monter sur scène. Un auteur décide de prolonger en mots et en images ce spectacle singulier. Ensemble, ils ont fait naître ce livre tendre et aérien, drôle et savoureux.

À lire et à regarder. À rire et à laisser infuser.

Paris la Grande *Avril 2001*

Philippe Meyer

Photographies de Pierre Jahan

Philippe Meyer a consacré à Paris un essai devenu classique (*Paris la Grande*, Flammarion) et un spectacle, joué dans toute la France, dont cette anthologie se fait l'écho.

révolte.com *Avril 2000*
Denis Robert

«La révolte est un anti-virus puissant. Elle donne envie de résister au rouleau compresseur. Elle rend vivable ce monde qui ne l'est pas, les stock-options, Vivendi, Total-Fina-Elf, AOL ou Eurocard Mastercard, notre partenaire officiel. Je savais que si je lâchais prise, cela changerait la nature du livre.»

Le bonheur *Avril 2000*
Denis Robert

Un homme et une femme. Ils se plaisent, s'évitent, se trouvent.
Ils font l'amour. Sans un je t'aime.
Alors commence le bonheur.
Mener deux vies parallèles, l'une officielle et l'autre pas.
Mettre le sexe au centre de tout.

La porte bleue *Novembre 2000*
Autoportraits d'enfants atteints de cancer
Christine Géricot et Judith Perrignon

Même à l'Institut Gustave-Roussy, qui traite le cancer, les enfants continuent d'aller à l'école. Derrière la porte bleue de l'atelier d'arts plastiques, une femme leur donne des pinceaux. Dessine-toi, si le cœur t'en dit. Le pinceau court, la perfusion se fait oublier.

Le Monde de la Bible *Octobre 1999*
André Lemaire – Préface de Frédéric Boyer

Les racines de la Bible plongent au cœur de l'Orient. Pendant trente siècles, des civilisations prodigieuses ont irradié l'Antiquité : Sumer et Babylone, l'Égypte, les Peuples de la Côte, les Assyriens, les Araméens, les Perses... La Bible en garde l'empreinte. D'autres voix se mêlent à la sienne, d'autres cultures se font entendre.
Coédition Bayard-Presse.

À PARAÎTRE

Chère école *Octobre 2001*

Jean-Pierre Guéno et Jérôme Pecnard

Un florilège de documents inédits (lettres, photos, carnets de notes…) agrémenté de souvenirs d'artistes et d'écrivains sur le maître ou l'élève qui a marqué leur vie.
La petite madeleine de ceux qui sont entrés à la grande école à l'époque de l'encre violette et de la télévision en noir et blanc.

Le fabuleux album d'Amélie Poulain *Novembre 2001*

Jean-Pierre Jeunet et Guillaume Laurant, avec Phil Casoar

Après le film de Jean-Pierre Jeunet et la bande originale de Yann Tiersen, voici enfin l'album des amoureux d'Amélie Poulain et Nino Quincampoix : portraits des personnages, reconstitution des lieux, objets et décors, illustrations inédites...
168 pages pour prolonger l'émotion.

Notre histoire (1922-1945) *Janvier 2002*

Hélie de Saint Marc et August von Kageneck

Ils sont nés la même année.
Ils avaient le même idéal.
La guerre les a saisis à vingt ans.
L'un était français, et l'autre allemand.

La maquette a été réalisée par Daniel Collet (In Folio),
et la couverture par Placid.
Dessin de couverture : Rémi Malingrëy.

Cet ouvrage a été révisé par Perline.

Achevé d'imprimer sur rotative numérique par Book It !
dans les ateliers de l'Imprimerie Nouvelle Firmin Didot
Le Mesnil-sur-l'Estrée

Dépôt légal : avril 2003
N° d'impression : 1.470.5696
ISBN : 2-912485-12-6

Imprimé en France